シュメールの天皇家

陰陽歴史論より

鷲見 紹陽

明窓出版

シュメールの天皇家　陰陽歴史論より　目次

第二章　物部氏と葛城氏について

第三章　藤原氏について

第四章　源平から織豊について

第五章　徳川氏について

まえがき

ここ十五年あまり、日本と世界の歴史について研究、考察しているうちに、どうも歴史というものには、表面的な流れを見ているだけでは捉えられない、もっと根本的で、大きな力が底に流れていることに気づくようになってきた。それは最古の文明とされているシュメールに始まって、あらゆる地域、時代を貫いて二十一世紀の今日にまで至っているようで、日本の古代邪馬台国の時代から現代の歴史の流れも例外ではないようである。その歴史を動かす原動力とは、一つは日本の天皇家であり、今ひとつは聖書に登場するノアの洪水で有名なノアの三人の息子のセム、ハム、ヤペテの三つの流れで、このうち、セム系は天皇家に協力的な立場をとり、ハム系とヤペテ系は半分が協力的、半分が敵対的な立場をとってきたようである。筆者は、天皇家は日本に出現され、しかも神武天皇以前にも何代にもわたって存在され、ある時期に大陸へと出て行かれ、シュメールの地でセム系、ハム系、ヤペテ系の民族と遭遇、あるものとは協調し、あるものとは敵対、やがてウル第三王朝の滅亡とともに北回りと南回りの二つのルートで故国日本を目ざされ、満州の扶余《ふよ》族の時、北と南の二つの流れが合流、韓半島を通って北九州に渡来、伊都国を建国後、大和に移って神武天皇を初代とする大和朝廷を立てられたと考えている。その際、シュメールの地で天皇家に協力し、あるものは天皇家と同一ルートで、あるものは別ルートで日本に渡来、やがて大和朝廷で天皇家と婚戚関係を結びながら協力していったのがセム系の大伴氏、葛城氏、蘇我氏、藤原氏、平氏などで、一方、シュメールの地においてもウルに対抗するウルクに源を発することからもわかるように天皇家に主として敵対し、日本に渡来してからも協力的と敵対的の二つのグループに分かれたのがハム系の物部氏、源氏、徳川氏などである。このうち、蘇我氏は「乙巳《いっし》の変」に見られるごとく、権勢を誇るうちに天皇家と対立、滅亡している。また、物部氏は神武東征の際、大和で饒速日命《ニギハヤヒ》が神武天皇に恭順したとき、天皇家に協力する内物部と、あくまでも敵対を貫く外物部に分かれたようで、前者はハムの四子のうちのクシュ系、後者はカナン系と見られる。わが国の歴史おいては以後、天皇家を中心に据えて、このセム系の氏族とハム系の氏族がちょうど陰と陽の関係のように勢力争いをくり返しており、筆者が「陰陽歴史論」としたのもこの事実に基づく。要するに、日本の歴史を動かす原動力となってきたのは、天皇家とセム系氏族、ハム系氏族の三つの流れであり、しかもこれらは日本国民の一割か二割を占めるに過ぎず、大多数の日本人は歴史の流れにただ翻弄されてきたというのが筆者の見解である。これと同じような構造は中国史、朝鮮史、ヨーロッパ史などにも見られ、例えば中国の歴代王朝は従来漢民族の王朝とされてきた漢、宋、明を含めてほとんどすべてが非漢民族の王朝であり、八十数パーセントを占める漢民族は原則として被支配者の立場に置かれてきたと言える。漢はセム系民族の王朝であり、宋と明はハム系の客家《はっか》による政権である。中国がセム系とハム系の二系列によって支配されてきたのに対し、ヨーロッパはセム系、ハム系、ヤペテ系の三系列が君臨し、このうちヤペテ系が最も力を有しているようである。ヨーロッパにおいても歴代の帝国、王朝を築いてきたこれらの系列の民族は少数派であり、ロシアでは九割の国民（スラブ民族）が数世紀にわたって農奴として支配に甘んじてきたことからもわかるように、一般の人々は歴史にただ翻弄されてきただけである。アメリカは歴史の浅い国だが、ヨーロッパから流入してきたヤペテ系とハム系の二系列が大多数の国民に混じて、歴史の表面に現われないかたちで今にいたるも歴史の原動力になっている。要するに、日本の天皇家を除けば、紀元前数千年に遡るシュメールの地に出現したノアの三人の息子のセムとハムとヤペテの三人の血脈が世界の大多数を占めるふつうの血脈の民族の上に君臨し、歴史を動かしてきたのである。日本とアジア、ヨーロッパに散らばったこれら三系列の民族が、もとはシュメールの同一民族に源を発すると断言できるのは、彼らが移動とともに持ち込んだ神や神話に見てとれる。それは、シュメールの地で見られたダゴン、バール、アシュトラ、ミトラなどの神々とそれに関する北欧、ギリシア、中国、朝鮮、日本の神話などの同一性である。このことは本文で述べるが、名前が変わっても、あるいはストーリーに若干の違いはあっても、これらの神々と神話の共通性は、世界に散らばったこれら三系列の民族がもとは同根であることの何よりの証拠である。

なお、本書は随所に鹿島《かしま》曻《のぼる》氏の見解を引用し、鹿島史観に基づく考察も多々ある。章ごとに見てもらえばわかるが、鹿島曻氏の著作、研究なくして本書は成立し得ないとも言える。筆者は、鹿島氏の見解を骨組みから変えて引用させて頂いたが、このような非礼をお許し頂きたい。

なお、引用文については著者名を挙げて記述したが、煩雑さを避けるため一部は本文の後に名前を番号順に掲載するにとどめたことをお断わりしておく。本文に（8）とあれば、（8）竹内裕氏の著作からの引用ということである。

最後に、本文に登場する神々については、巻末の参考資料「世界の神々」を参照して頂きたい。

第一章　天皇家について

(一) 高天原はスバルである

日本の歴史を考えるに際して、誰もがつきあたる問題は天皇家である。有史以来連綿とその血脈を保ち、しかも武力によらず、その宗教的、文化的な存在意義のみで現在に至っている世界的にも唯一と言える稀有な家系である。武力によって君臨しない王朝というものは他国に例を見ず、逆に武力によって君臨しないが故に存続してきたとも言える王朝である。信長にしろ、秀吉にしろ、家康にしても排そうと思えばいつでもできたであろうし、実際そのような動きはあったのだが、相次いで不吉な出来事が起きたりして手を引いている。世界の歴史は長い間、力のある者によって制されてきたのであり、力のある者が敵対者を排除して自ら覇者になるというのがその理《ことわり》であったが、日本の天皇家のみがこの歴史の理から除かれているのである。これに似た唯一の例は、イスラエルのソロモン王とシバの女王との間に生まれたメネリクの後裔《こうえい》とされたエチオピア皇帝ぐらいだが、これも二十世紀には排されている。このような歴史の理を超越した天皇家とはどのような存在なのか。またそのような超越した力は一体何に起因するのか。これを歴史の偶然と片づけることはあまりにも安易すぎるであろう。政治的な右や左といった立場からではなく、学問研究上においてこの問題は筆者の頭を離れなかった。そして後で述べるが、姓を持たないとされる天皇家も古代において〝阿毎《あめ》〟または〝天《あめ》〟といった姓を有され、その〝あめ〟がシュメールの天神An（アン）に基づくことを知り、また天皇家が宗教的、文化的な存在意義を有されたのも、宇宙の構造としての重要な一部を担われているためということに気づき、次第に「天皇家とは何か」というテーマに関する理解が深まってきたように思っている。筆者は政治的には自身を右でも左でもないと考えているが、天皇家の問題はそれが民主主義に反するとか先の大戦における責任云々といった観点だけで論じられるものではない。これらの問題提起は長い天皇家の歴史における一時期に関することであり、とくに先の大戦もこの「陰陽歴史論」を読まれれば、全く別の観点があることに気づかれるはずである。民主主義は確かに歴史の進歩の賜物だが、一方で多くの矛盾、問題点もかかえている。天皇家はいわばこの民主主義を超越した存在で、しかもその矛盾や問題点を止揚《しよう》して新たな社会のあり方を示唆し、それに導く役目を有しておられるといってもよく、それは理性や知性といった人智を超えたこの宇宙のあるがままの姿、あるがままの自然の姿に帰ることと言ってもよい。そして、人間や社会や国を宇宙の原型とも言うべき、あるがままの自然の姿に戻すに際して、天皇家という存在は必要不可欠なのである。このあるがままの宇宙の構造は、日本や天皇家といった存在を欠いては崩壊してしまう。もちろん、ヨーロッパやアジアやアメリカなどを欠いても崩壊してしまうことに変わりはない。なぜなら、人間の身体は宇宙の似姿であり、いわば小宇宙だが、それと同じ原理、法則が、世界の文化の違いとして現われているからである。それぞれの国の文化こそが、この宇宙の原理を担い、体現しており、その相互理解と尊重、そして一に帰した姿こそこれからの新しい世界の在り方、姿なのである。古代、中世、近代と歴史が流れてきて、今人間の理性や知性に基づく近代を超えた新しい歴史が始まろうとしているが、その原動力は日本文化の特性としての感性であり、そして感性という宇宙の構造を体現した天皇家なのである。近代の知性、理性という頭から心の時代に転換しようとしているが、これは、欧米中心からアジア、とりわけ日本へと文化の基軸が移りつつあることを意味している。そして、そのような歴史の流れの中で、天皇家という存在の真の意味を誰もが理解していくに違いない。

さて、日本神話は最初に高天原に出現された三神の話から始まる。「古事記」では天之御中主《あめのみなかぬし》神、高御産巣日神《たかみむすび》、神産巣日神《かみむすび》であり、「日本書紀」では国常立尊《くにとこたちのみこと》、国狭槌尊《くにのさづちのみこと》、豊斟渟尊《とよくむぬのみこと》となっている。これまで、記紀におけるこの三神の表記の違いは、例えば天之御中主神《あめのみなかぬし》は字義の通り〃天の中心の神〃であり、天の中心とは我々の太陽系が二万六〇〇〇年の楕円軌道の周期で回っているスバル（プレアデス星団）の七つ星の一つで、中心太陽のアルシオネにあたる。ちなみに太陽系を含むスバル星団全体は二億三〇〇〇万年の周期で銀河の中心を回っており、さらに天の川銀河全体が無限と思われる周期で大いなるセントラル・サンを回っているから、天の中心はアルシオネから銀河の中心、さらには大宇宙の中心へと連なるものである。一方、国常立尊《くにとこたちのみこと》は〃常世の国を立てた尊（神）〃の意味であり、この浦島太郎伝説や垂仁《すいにん》朝の田道間守《たじまもり》の話で知られた常世の国は、北欧神話のオーディンやトールの活躍するアースガルドであり、インド神話に登場するアガルタであって地底世界である。ゆえに国常立尊《くにとこたちのみこと》は北欧神話のオーディンや中東のダゴンにあたるとすべきで天之御中主神《あめのみなかぬし》とはまさに天地の違いがある。これらについてはおいおい述べていくが、ちなみに高御産巣日神《たかみむすび》は我が国の妙見《みょうけん》信仰の神で、北極星や北斗七星にあたり、シュメールのエンキ神、北欧神話のフレイとつながっていく。神産巣日神《かみむすび》は出雲の神であって、シュメールのエンリル神、北欧神話のトールの系列でエジプトのピラミッドがオリオン座やシリウスにその焦点を合わせているように、オリオン座またはシリウスと関係している。

さて、天之御中主神《あめのみなかぬし》は〝天の中心〟としてのスバル（プレアデス）であると述べたが、天皇家の祖神とされる天之御中主神《あめのみなかぬし》や天照大神《あまてらすおおみかみ》がスバルと関わることは「古事記」や「日本書紀」の記述にも見られる。伊東宏之氏は〝記紀に描かれる「誓約神話《うけい》」では天照大神《あまてらすおおみかみ》が御統《みすまる》・スマル―スバル星から天孫降臨する太陽神を生み出し、スサノオノミコトは十握《とつか》の剣から胸肩《むなかた》三女神のオリオン座三つ星を生み出す。このスバル星の牡牛座とオリオン座の争いはギリシア神話でも伝えられている〟、〝天照とスサノオは、天の川ならぬ天の安河《やすかわ》をはさみ誓約《うけい》をして五百箇《いほつ》の御総《みすまる》の玉からニニギノ命の父の天の忍穂耳《おしほみみ》を生み、スサノオの十握の剣から胸肩三女神を生む。この御総がスバルで、胸肩三女神がオリオン座の三つ星となる〟、〝オリオン座の三つ星が描く直線は、昴星《すばる》・プレアデス星団に向かって伸びており、天の川に沿って三つ星とスバルが結びつくようにある。天照とスサノオが天の安河を隔てて向かい合って誓約するという描写が重なり合う〟と述べている。北沢方邦氏は〝天御中主の名は、その天空の中央の神を意味する〟とし、さらに次のように述べている。

「アマテラスの八尺の勾玉のイホツ（五百箇）のミスマル（ミは尊称）の珠は、その名からして勾玉のかたちをした星団である。スマルとは動詞スメルがスメラミコトの語を導き、人々を束ね、統治する貴人を意味するように、多くの珠などを束ねた状態を示す。それはすでに平安時代にスバルと音韻転訛している。スバル（プレアデス）は夜空におぼろに黄金色に輝く星団であり、まさに勾玉のかたちをしている。また、天孫降臨神話でアマテラスの聖なる夜の稲穂とされるように、それはまた天の稲穂でもある。

アマテラスの無数の珠からなる勾玉は、五人の息子となった。スバルの主星は六個だが、ときには七個見える。ギリシア神話でプレアデスの七人目の乙女は失われたとされる。実はわが国でも七人であり、七人目は地上に降りる。

スバルは太陽の最盛期である夏至点に位置する。

スバル五男神はその形象とおり天の稲穂にかかわる。長男オシホミミ（西洋名エレクトラ）は垂れた（オシた）稲穂の耳である。その子ホノニニギ（穂が賑々しい）、つまり七番目が地上に降り、天空から消失する。次男ホヒ（西洋名マイア）は穂の霊を意味し、三男アマツヒコネ（西洋名メロペー）と四男イクツヒコネ（西洋名アルキオーネ）は天の日子（太陽の子）、および生きた日子の稲の根を意味する。五男クマノクスヒ（西洋名アトラス）は隅の不思議な霊を意味するが、これは勾玉または稲穂の先端に位置し、七番目の小さな星（西洋名プレイオーネ）と重なって、後光を帯びたように見えるからであろう。ホヒの左肩の星がその子のタケヒラトリ（西洋名タイゲタ）となっている。

アメノオシホミミではなく、子のホノニニギが降った。スバルの主星としてオシホミミは天空に残らなくてはならないからである。スバルというアマテラスの庭の『天の稲穂』は、ホノニニギによって『地の稲穂』として地上にもたらされなくてはならない。それが天孫降臨の基本的意味である。

『日本紀意宴歌《ぎきょうか》』に『アメノホヒが神の御祖は、ヤサカニ（八尺瓊・瓊は珠）の五百箇《いほつ》スバルの珠とこそ聞け』と歌われている。」（以上「古事記の宇宙論」平凡社新書）

このように天の中心として天之御中主神《あめのみなかぬし》の坐す高天原はスバルと考えられるが、二十八宿の一つ昴宿《ぼう》にあたるスバルは古来、王者の象徴として、また農耕の星として重んじられてきている。佐治芳彦氏も〝天孫降臨神話は世界の各地にあるが、具体的に故郷の星の名をあげているのは、知るかぎりプレインカの神話だけだといってよい。その伝承によれば、人類の祖先は、四一〇光年の彼方のプレアデス星団から地球に移住したと言われる〟としており、このスバルの七つ星はシュメールの地にもアッカド語の〝シビティ〟、シュメール語の〝イミンビ〟として人々に伝えられており、いずれも〝七つで一組〟を意味し、七つの点に象徴されたプレアデス星団を表すともいわれている。プレアデス星団はシュメール語で〝ムル・ムル〟といわれ、わが国のスバルの語源はこの〝ムル・ムル〟にあると唱える人もある。（1）インドのヒンズー教の聖典「ヴェーダ」にも神々の故郷はこのスバルの存する牡牛座であることがくり返し述べられているが、「ヴェーダ」の場合は同じ牡牛座であってもスバルの近くにあって、〝スバルの後星《あとぼし》〟と称されるアルデバランのことをさしていると思われる。中国で畢星《ひっ》と呼ばれるヒアデス星団に属する星で、日本では赤星と称されてきた。この赤星は天津甕星《みか》とも言い、天照大神《あまてらすおおみかみ》に反逆して高天原から自分に仕える衆星たちのいる葦原中国《あしはらのなかつこく》へと逃亡した星である。（2）それが「ヴェーダ」の中で牡牛座との関わりが指摘されるインドラで、アーリア人の神であり、北欧神話のオーディンや中東のダゴンにあたる。また、天界から神に反逆して追放されたというテーマからわかるように「イザヤ書」やミルトンの「失楽園」に登場する堕天使のことでもある。そのインドラがこのアルデバランに関わりがあるようで、それが神々と牡牛座との関わりとしてくり返し叙述されているようである。このアーリア人の宗教が後にインドでヒンズー教として定着していくが、彼らの信仰するインドラ、シヴァ、ビシュヌといった神々は先に述べたアースガルドや「ラーマーヤナ」にも登場するアガルタといった地底世界の神々で、天上の高天原とは敵対関係にあった。実際、ノアの子ハムやヤペラの血脈であるアーリア人の一部は、古代においてスバルに源をもつ天皇家とは敵対している。これは後に述べるが、古代インドにおけるナーガ族とアーリア人の敵対がそれである。しかし、アーリア人は日本出自で、天皇家の流れをくむナーガ族の高度な文明に触れ、最初のうちは一部それを取り入れたようで、ヒンズー三神の一つブラフマンなどはこのナーガ族からの影響のもとに生まれている。悟りを開いた釈尊に、それを人々に教え広めるべく勧めた梵天がこれにあたる。残りの二神のうち、シヴァは中東のバール、北欧のトールにあたり、ビシュヌは中東のアシュトラにあたる。これはエジプト神話ではオシリスとイシスになる。なお、アーリア人はナーガ族から文明を学んだ後は彼らを弾圧し、インドから追い出している。天皇家とナーガ族のつながりについては後述するが、シュメール語の〝イミンビ〟や〝ムル・ムル〟、アッカド語の〝シビティ〟などはインドから西進してきたナーガ族が後にシュメール人と称されたためで、ナーガ族のスバル信仰が持ち込まれたものと解される。また、先に述べたインカ人もアーリア人と同じ地底信仰だが、プレインカの時代には別の信仰の流れが入っていたと考えられる。

古来より記紀の高天原については「秀真伝《ほつまつたえ》」の宮城仙台地方、「宮下文書」の富士山、「九鬼《くかみ》文書」の出雲、新井白石の常陸《ひたち》、本居宣長の天上《てんじょう》、太田亮《おおたあきら》氏の熊本県山門、郡昇作氏の阿波などを始め種々に比定されてきた。日ユ同祖論の小谷部全一郎氏は〝アルメニヤとはアルメ（天）ニ（接続語）、ヤ（所）という意味で、アメのタカマのハラとは、天が西アジアのアルメの国、高天《たかま》とはその州の名のタガーマ州で、原とはこの州の古都ハランをいう。この地は人類の始祖のアダムとイブが住んだ所で、ノアの洪水の時方舟が山頂に止まったアララト山がある〟として、タガーマ州のハランを高天原としている。しかし、アダムとイブが追放されたエデンの園とは、アースガルドやアガルタといった地底世界をさしており、しかもアダムとイブの血脈は人類の一割か二割、多くて三割くらいで、大多数の普通の人類はこの血脈にはないと考えている。まして、スバル起源の天皇家とは敵対こそすれ同祖とされるいわれはない。ただし、アダムとイブ、そしてノアの系列のうちセム系、とくにスファラディ・ユダヤ人は天皇家と深い関わりを持つことになる。これに関しては後述するが、一方のアシュケナジー・ユダヤ人は天皇家に最も敵対するカナン人（ハムの四男）がカザール帝国においてユダヤ教に改宗したもので、ハム系であり、セム系のユダヤ人とは別の存在である。アメリカやヨーロッパ、そして一九四八年の建国後のイスラエルに帰還し、今や大多数を占める、我々が一般にユダヤ人と理解しているのはアシュケナジー・ユダヤ人であって、これは聖書に登場するヤコブの十二人の子からなるイスラエル十二支族とは別の存在である。「聖書」を読めばわかるようにイスラエル人とカナン人は古代からお互いを憎悪、敵視し、すさまじい殺戮をくり返している。ヤハウェとバールの戦いだ。

ともあれ、過去において種々に論じられてきた高天原を筆者は〝天の中心〟としてのスバルと考える。太陽系の惑星は太陽を中心に回っており、太陽が太陽系の中心である。太陽系全体は二万六〇〇〇年の周期でスバル、なかでも中心太陽のアルシオネを中心に回っており、このスバルが〝天の中心〟である。さらに太陽系を含むスバル星団は二億三〇〇〇万年の周期で銀河の中心のブラック・サンを回っており、その天の川銀河全体が無限とも思われる周期で大いなるセントラル・サンを回っている。ゆえに地球や世界の中心となる存在は、太陽—スバル（アルシオネ）—ブラック・サン—セントラル・サンとつながって大宇宙の動向や意志を汲むものでなければならないのである。日本人が古来より高天原を神々の故郷ととらえ、信仰の中心においてきたのはこのような意味があったからであった。

(二) 天孫降臨の地は飛騨である

記紀によると天照大神《あまてらすおおみかみ》の孫のニニギノミコトが瑞穂国統治の神勅と三種の神器を授かり、五部神を従え、高天原から日向の高千穂に天降ったのが天孫降臨とされているが、古事記にニニギノミコトが高千穂の峰に天降った時、〝此の地は韓国《から》に向ひ、笠沙の御前に真木通りて、朝日の直刺す国、夕日の照る国なり。故、此の地ぞ甚《いと》善き所なり〟と述べており、天孫族が南朝鮮から北九州に渡来してきたと読めるということが金達寿《きんたつじゅ》氏らから指摘されてきたが、実は天孫降臨は三回にわたって行われており、記紀の記述はその三度にわたる事実を一つにまとめて記したようである。一度目の天孫降臨は、竹内義宮《よしみや》編の「神代の万国史」（通称「竹内文書」。以下「竹内文書」と書く）に見られる上古《じょうこ》一代の天日豊本葦牙気皇主身光大神《あまひのもとあしかびきみぬしひかりおほかみ》天皇の飛騨の位山《くらいやま》への天孫降臨である。高天原のスバルから地球への降臨である。二度目の天孫降臨は、上古第二十四代の天仁仁杵身光天津日嗣天日天皇《あめににぎみひかりあまつひつぎあめのすみらみこと》の富山の御皇城《おみじん》山から日向国の高千穂遷都のことで、九州の治安が乱れたがための遷都であったとされている。ニニギノミコトは高天原からではなく、飛騨の位山に近い御皇城山から高千穂に天降ったのである。なお二代前の上古代二十二代が天疎日向津比売身光天津日嗣天日天皇《あまさかりひにむかいつひめのみひかりあまつひつぎあめのすみらのみこと》が後世皇祖神とされた天照大神《あまてらすおおみかみ》で、神倭《かんやまと》朝第十代の崇神天皇の御代に上代の日本の中興の祖であられたので、その御神骨石を宮中と丹後の元伊勢に勧請、以後天照大神《あまてらすおおみかみ》と称え、大神を通して皇祖神を祭祀するようになったとされる。ただし、皇祖神を天之御中主《あめのみなかぬし》神とするか天照大神《あまてらすおおみかみ》とするかは明治天皇の御聖断で天照大神《あまてらすおおみかみ》にされたというきさつがある。天照大神《あまてらすおおみかみ》が天疎日向津比売天皇のことであるのかは、全国の神社伝承を調べ、それをもとに古代史を再検証された原田常治氏が〝天照大神《あまてらすおおみかみ》の諡号は撞賢木厳御魂天疎向津毘売尊《つきさかきいつのみたまあまさかるむかつひめのみこと》と申し上げる。伊勢皇大神宮や鹿児島県財部町の日光神社などに記されている〟と述べていることからもうかがえる。この名は「日本書紀」にも見える。なお、「竹内文書」には、天疎日向津比売天皇については次のような内容が記されている。

「天皇即位五百万年ナヨナ月立三日より、地球万国大変動土の海とかゆらくす。天皇再天降り、……ヒダのクライ山大宮より、天日姫天皇川浮船にのりて狭依日ダマ国より降り、川名神通川と名付る。……御皇城山大宮仙洞とす。万国政法定め、……蚕養糸錦糸穀食物類十四種、公畠公田作り、海魚漁《と》らしむ海川野山開く。ネヤキ法を教へしむ。鍋釜食器を、ロクロ以て造り、其法を万国へ教しむ。酒を造らしむ。味噌造り家屋作らしむ。糸にて綾を造り、男女衣暑裳寒裳さえす。米粟を製す法を発明す、医師禁厭法なせる。……弟速進男尊荒し、姉天疎日向津姫天皇イカラシて天に昇り、日球国の磐屋に隠れ、万国政リトコヤミとなり、群臣天日父磐屋前に集りて乞天開く祈祭、……ツメになせて支那国へ流さしむ。進男命天ノ支檀国へ神人天降り、……檀君国と名付る。……詔して忍穂耳尊ひ天職天皇護り、……天越根能登宝達山より日神国ひ登り行ト詔あり。天日国ひ登り給ふ。（一部抜粋）」（「神代の古代史」皇祖皇太神宮）

この他にも天照大神《あまてらすおおみかみ》の皇子とされてきた忍穂耳命や穂日命以下が、須佐之男命の御子を天照大神《あまてらすおおみかみ》の皇子と定めたなど独特の伝承も見られる。この「竹内文書」については、アカデミズムは偽書扱いする傾向が強く、事実、三百億年前からの歴史が記されていたり、現代の地名としてしかあり得ないサンフランシスコやボストンなどの名が古代に出てきたりするが、いろいろ調べてみると最初の出版者の竹内巨麿《おおまろ》（義宮氏の父）がこの文書に関係する団体や組織に遠慮して、あるいはそれらからの強制によって意図的に書いたようで、これらの事実のみから偽書と断定するのは早計のようである。またよく引きあいに出される京都帝大文学部長の狩野亨吉《こうきち》博士が一九三六年に岩波の「思想」に発表した「天津教古文書の批判」については、布施泰和氏が次のように疑念を呈している。

「狩野亨吉は、『長慶皇太神宮御由来』の〝忠臣〟を〝忠心〟、〝警護〟を〝敬護〟と書くなど誤字を最初に指摘、さらに徳川以前は、〝之〟と書くところを〝の〟と表記していること、正四位という位は存在しないことなどを明らかにした。

しかし、狩野自身、竹内文献の実物を見たことがない。数多くある文献の中でも蛇足的な部分に過ぎない南北朝関係などの史料五点（以前天津教信者からもらったという五枚の文書の写真）のみを取り上げて、全体を偽書だと批判している。文法や用語の誤まりを指摘することが主で、全体が示す内容に踏み込んだ議論はほとんどなされていない。」（『竹内文書の謎を解く』成甲書房）

筆者も無条件でこの「竹内文書」を信じ、取り上げているのではない。ただ、従来記紀が神話として封印してしまった神武天皇以前の日本の歴史について考察する際、最も役立ってくれたのがこの「竹内文書」であり、そして鹿島曻氏の一連の著作であった。「竹内文書」については一概にそれを信じるのではないが、一方で偽書として斥《しりぞ》けてしまうことのできないような内容も多く含まれていると考えている。他の古史古伝の「宮下文書」や「秀真伝」などと比べてもそのように言えると思える。二十一代雄略天皇が平郡真鳥《へぐりのまとり》に命じてこの文書の筆写を必死の思いでさせたり、時の反天皇側の権力から文書の提出を要請された竹内家の神主が、それを拒んで何人も自害している事実は、この文書を偽書として斥けることを躊躇させる。

　さて、残りの三度目の天孫降臨であるが、日本の飛騨に天降られた天皇家が、数百代を経て、おそらく上古第二十五代の天津彦火火出見身光天津日嗣天日天皇《あまつひこほほでみみひかりあまつひつぎあめのすみらみこと》の後と思われるが、日本から大陸へと出て行かれ、インドのナーガ帝国からシュメールの地へ、そしてウル第三王朝の滅亡前後に北回りと南回りの二方向で東へと向かわれ、満州の扶余《ふよ》で両者が合流、韓半島を通って日本の九州に上陸された、その朝鮮から北九州の伊都国への上陸が第三度目の天孫降臨である。これは天皇家が長い年月を経て父祖の地へと舞い戻られたことを意味するが、先に述べた〝此の地は韓国に向ひ……〟は、韓半島から北九州への移動という事実に合致する。この際の主役はニニギノミコトではなく神武天皇である。このことについては後述するが「周書・百済伝」に〝王家は夫餘系と思われる。仇台なる者あり。仁信に驚く、始めてその国を帯方の故地に立つ。漢の遼東太守公孫度《こうそんたく》、女《むすめ》をもってこれに妻す〟とあるのを受け、鹿島曻氏がそれまで埋もれていた韓国の史書「桓檀古記《かんだんこき》」を独力で翻訳、出版され、「周書」や「隋書」に出てくる仇台が日本の神武天皇であることを明らかにした。「桓檀古記：大震国本紀」に次のように記されている。

「日本旧くは伊国に有り。亦伊勢と日い、倭と同隣す。伊都国は筑紫にありて亦即ち日向国なり。これより以東、倭に属す。その南東は安羅に属す。安羅はもと忽本の人なり。北に阿蘇山あり。安羅後に任那に入る。……東南に陸行すること五百里にして伊都国に至る。乃ち盤余彦《いわれひこ》の古邑なり」（「桓檀古記」新国民社）

ここに登場する盤余彦とは、神日本盤余彦尊《かんやまといわれひこのみこと》と称された神武天皇のことで、後に百済の建国者とされるが、百済建国前に日本の北九州に渡り今の福岡県の糸島半島に伊都国を建国した事実を明らかにしている。ただし時代は紀元前七世紀ではなく、紀元後二～三世紀で百済王としての仇台の在位は二一四年～二三四年である。百済王統譜では仇首王となっているが、仇台と仇首は同一人物である。鹿島曻氏は、「桓檀古記」に〝仇台はさらに九州に上陸して伊都国の王イワレヒコ（神武）になった〟とあるとし、そして次のように述べている。

「仇台すなわち高句麗新大王の末子は、はじめ扶余王となった後、南下して公孫氏と同盟して帯方で伯済国をたてて仇首王となり、九州で伊都国をたててイワレヒコとなった。……百済王統譜では仇首王が二一四年に即位しているから、仇台が仇首王であることが判る。仇台始祖説の記録は高句麗本紀と相違するが、中国側の記録が正しく、百済を立てたのは扶余王の仇台＝仇首である」（『北倭記要義』と『日本ユダヤ王朝の謎』新国民社）

なお、満州の扶余から北九州の伊都国への移動については後述するが、よく話題にされる邪馬台国については『桓檀古記』に〝神武は伊都国王であり、日向にあった卑弥呼の安羅国と熊本にあったニギハヤヒの多羅国を合併して邪馬壱国をたてた〟とあり、最初は伊都国、安羅国、多羅国の三国の連合だったが、伊都国が脱落し、安羅国と多羅国の連合へと変わったと考えられる。この二国連合が『魏志倭人伝』に登場する女王卑弥呼の邪馬台国である。なお、この邪馬台国は大和に東遷した後、神武東征で天皇家に臣従するが、その際、あくまでも臣従を拒んで東北へと落ちのびて行ったのが長髄彦《ながすねひこ》や安日彦《あびひこ》の安羅系であり、自ら臣従していったのがニギハヤヒの多羅系である。安羅系はカナン人の流れ、多羅系はクシュ、すなわちカッシュ人の流れで、祭祀担当の外物部と軍事担当の内物部がこれに相当する。

このように本来は三度あった天孫降臨を一度のこととし、その主役をニニギノミコト一人として記したのが記紀であったが、最初の高天原スバルから日本の飛騨への降臨については「竹内文書」にもはっきりとその降臨場所が書かれているわけではない。ただ「竹内文書」研究家の高坂和導氏が、

「天神時代は、神人が宇宙と地球を往来しながら地球を造り上げた時代だった。そして、人類生存の条件が整った天神七代の時、統治権は天から地球へと移行する。正式に天孫降臨の神勅が下るのである。〝位山に日の神の皇太子の居る大宮を日玉国と云ふ〟とあり、飛騨の位山に天孫降臨されたことが明記してある」（『超図解竹内文書』徳間書店）

と述べているように、岐阜県の飛騨地方をその候補地として挙げる人がかなりいる。この飛騨地方を天孫降臨の地とし、また人類発祥の地とも考えて余生を神代文明の探求に捧げた人物に、高山出身で元陸軍砲兵大佐であった上《かみ》原清二氏がいる。その著作としては「世界神都・飛騨高山」、「飛騨神代遺跡」、「日霊国《ひだまのくに》」などが知られているが、飛騨にある巨石文化としては数百の岩石古墳、鏡石、位山の巨大立石と祭壇岩、船山の五條の連続巨石、松倉山の縦磐座、洞山の門立岩、上野平の太陽石などが挙げられるとし、さらに位山の頂上の鏡岩は正東に向かっ

て平面が作られており、旭日を写して太陽神の祭りをしたものであり、天照大神《あまてらすおおみかみ》の神陵であると断定している。そして飛騨の名の由来は、日球国で、〝ヒタマ〟であり、日霊国でもあるとし、太陽神の霊を受けて地球に発祥した場所であると記している。また、飛騨神代遺跡の様式が伊勢神宮へ伝えられたものとして、日輪《にちりん》神社や水無元宮《みずなしもとみや》の円錐状小山式神殿が伊勢神宮の末社《まっしゃ》様式に残っているとしている。丹生川《にゅうがわ》村大谷にある日輪神社は、山上の木々が二等辺三角形をなし、人工の山に鎮座しているが、飛騨に点在する太古のピラミッド伝承の神山は、この神社を中心に十六方位に等分されているという指摘もなされている。ただし、上原清二氏は、天日国（スバル）から天越根国への降臨の地は立山であり、さらに人類発祥の地は乗鞍岳で上古一代天皇の神陵が乗鞍の大日岳、上古二代天皇の神陵が朝日岳、上古三代天皇の神陵が槍ヶ岳、上古四代天皇の神陵が笠ヶ岳にあると報告している。つまり、日球国は最初が乗鞍付近、後に位山から高山市付近一帯に広がり、やがて飛騨一円に拡大したと見て、乗鞍から山麓平地に太陽神神殿を遷した最初が天照大神《あまてらすおおみかみ》を祭神とする日輪神社（現大谷神社）であると考えている。太陽神神殿はこの後、上野平の平面神殿、さらに鍋山神殿へと遷ったというのが氏の見解である。

この飛騨の地に太古の都があったことは、この地方の民間伝承にも伝わっており、平成になってすぐに山本健造氏の「明らかにされた神武以前」などの一連の著作がそのことに触れている。山本健造氏は岐阜県で教師をしていたが、あることがきっかけとなって地元の人から飛騨に伝わる語り伝えを教えられ、それをまとめて出版したのが一連の著作である。天皇即位の大嘗祭においては代々笏木《しゃくぎ》が献上されることになっているが、その笏木は古くから飛騨の位山の一位の木で製造されることになっており、昭和天皇と平成天皇の二代の笏木は、高山市在住の糠塚喜一郎氏が飛騨の匠を代表して謹製したという。大嘗祭では午後六時半より翌朝三時十五分まで、平成天皇が棒持《ほうじ》されたという。そもそも位山とは〝位を授ける〟からつけられた名で、大嘗祭の笏木も、神武天皇が天皇の位につかれた時、飛騨の位山の先祖の霊に報告され、位山の一位の木の板を〝位板〟として授けられたことに基づくとされている。矩形《くけい》の板で、今の辞令に当たるが、後に中国から笏木が輸入されるとそれに代わったとされる。山本健造氏による と日本で最初に海から頭を出した地が飛騨で、日本最古の岩石である二十億年前の礫岩が飛騨川の河原で発見され、同位元素で年代が判明、岐阜県博物館に保管されているという。（昭和六十年五月二十四日の中日新聞）これは世界最古のものとされている。（平成四年二月二十二日の中日新聞）また日本最古の化石が飛騨の上宝村で筑波大学の大学院生によって発見され、岩石中に四億八千年前のミジンコの化石が百個以上確認されたという。（昭和五十五年七月七日の北陸中日新聞）〝縄文時代最も人口が多かったのは飛騨地域であった〟とは小山修三氏の言葉だが、丹生川村根方からは八千年～一万年前の新人類の頭蓋骨が発見され根方人と言われ、新人類としては沖縄を除き日本最古とされているという。（昭和六十年七月十一日の朝日新聞）このようにこの地域からは多くの化石や骨が出土しているが、その他の遺跡としては、御神体と推定される石冠が六十七個、祭壇と推定される御物石《ぎょぶついし》が七十四個出土しており、前者は全国で一九九個出土しているから三十四パーセント、後者は全国で一四四個出土しているから五十一パーセントを占めることになる（なお、この数字は後に発掘の進展に伴い変化している）。筆者も一度訪れたことがあるが、位山は中腹から頂上にかけて巨石遺跡が並んでおり、ハイキングコースになっている。また別斜面には祭壇石の跡らしきものも見られる。位山の巨石群は皇祖岩《すめらみおやいわ》と称され、天照大神《あまてらすおおみかみ》はじめ祖先を葬ったとの口碑《こうひ》がある。

この飛騨の民間伝承によると今から二千五百年前くらい（実際はもっと古いと考えられる）に大淡上方様《おおあわのうわかた》という人が出られ、自分の子供を飛騨の要所要所に、孫や曾孫を外界の富山や長野などに遣わされたという。生前は上方様と申し上げ、家は代々名字がなく、分家をする時に苗字を授けたとされる。この方が組織だった国づくりを始められたという。その大淡上方様から数えて十五代目ぐらいに淡上方様という大変な神通力者が出られ、飛騨を一つのしっかりした国らしいものにまとめられたという。今の宮村の神社の場所に御殿——ちょっとした小屋を作り都とされた。伝承では神通川の河口の富山湾に下ったのはこの方の時とされている。この淡上方様が後継者の孫に皇統命《すめらみこと》の尊称を授け、自らは位山の皇祖岩の横に葬られ、その後継者一族が亡くなるとその横に代々埋められたとされる。そして、皇統命が位に就かれる時は、歴代の眠る位山の一位の木の板で辞令が下った。その板は位板と言ったが、それが現在の笏木に受け継がれていると言う。天照大神《あまてらすおおみかみ》にあたるヒルメムチは三十五代目の人で、飛騨の一宮神社のある土地に住んだという。大衆の前に現われて誰とでも親しく話す一方、厳粛な生活をされ、織機《はた》小屋の中で織女《おりひめ》と一緒に作業をされたという。高山市の江名子神社には、天照大神《あまてらすおおみかみ》の生まれた時のえな（胞衣）を埋めて社を建てたとの口碑を残しているが、恵那山も天照大神《あまてらすおおみかみ》のえなに関わる伝承がある。建国の中心になられ位山に葬られたヒルメムチ命の偉大な徳を讃えて、今なお天照大神《あまてらすおおみかみ》と敬い続けているとされる。このヒルメムチの時代に外来民族が有明海あたりに上陸し、八代から人吉《ひとよし》盆地あたりに住み、略奪と侵略をくり返した。また、大隈半島にも代々朝廷に従わない隼人《はやと》族が現われたことで、それら外来民族を討つため天照大神《あまてらすおおみかみ》がニニギノミコトを九州に派遣されたのがいわゆる天孫降臨だという。先に天孫降臨は三度行われたと書いたが、二度目の天孫降臨のことである。「豊前《ぶぜん》風土記」に〝ここから天孫が上陸され、高千穂にいかれた〟との記述があるのは、ニニギノミコトが飛騨から瀬戸内海を通って九州に上陸されたことを示していると言う。なお、この飛騨の民間伝承によると石器、縄文、弥生の各時代を通じて生き抜いてきた純日本人が大部分で、渡来民族はほんのわずかだったという。

〝古代の国史の地名の原形らしいものは、ほとんど全部この地（飛騨）で見ることができる〟

〝「日本書紀」の壬申の乱を読むとヤマトだのナラの山が出てきて、兵隊たちがそれを「古京」

と呼んでおり、飛騨のことであろう〟として、飛騨にはいろいろな隠された処置が施されているとこの地に注目した作家に、坂口安吾がいる。安吾は、壬申の乱を「書紀」で仔細に読むといろいろと辻褄《つじつま》の合わない点が多く、美濃を飛騨に置き換えて、さらに両軍の位置を北に大友皇子軍、南に大海人《おおあま》皇子軍を配すると戦局がよく理解できるとして、〝飛騨の王様が大和へ進出し、……天武天皇も持統天皇も飛騨王朝出身の皇統、嫡流《ちゃくりゅう》を亡ぼして飛騨に追い落とした庶流であった〟としている。彼は飛騨に追い落とされて滅んだ嫡流の最後の王、すなわち大友皇子が両面宿儺《りょうめんすくな》だと推定したのである。（3）そして、〝天武天皇は風の神を龍田の立野に祭らせ、大忌神を広瀬の河曲《かわく》に祭らせたが、一年に何回も勅使を出してキチガイじみているくらいこの二神にこだわっているが、この二神は飛騨の神である。両面宿儺《りょうめんすくな》の分身の片面は天皇たるべき人であったに相違ないように思われる。そして、天武天皇によって滅ぼされたこともほぼ確実でしょう。天武帝は飛騨の主たる神を大和へ移して一年に何回も勅使をさし向けており、タタリを恐れてのことであろう。壬申の乱は飛騨で行われた〟としている。

飛騨に残された伝説の一つに〝両面宿儺《りょうめんすくな》は位山の山上に武振熊を招いて、大鷦鷯《おおさぎき》皇子へ王法の大事を伝え、そのしるしとして、位山の櫟《あららぎ》の木で作った笏を献上した。都に帰った武振熊は大鷦鷯皇子にこのことを伝えて笏を渡した。そこで、皇子は直ちに即位して仁徳天皇になった〟という話があり、また高山陣屋の地役人《ぢやくにん》の上村木曽右衛門が延享三年（一七四六年）に著わした「飛騨国中案内」に〝仁徳天皇が位山に行幸されて、両面宿儺《りょうめんすくな》によって天皇即位の大事を伝授した。この時より、位山のイチイの木で作った笏を代々の天皇に献上してわが国の平穏を祈った〟と書かれている。一方で、南北朝の頃の飛騨の国司の姉小路基綱の「飛騨八所和歌集」の裏書の縁起には、両面宿儺《りょうめんすくな》が王法を伝授したのは神武天皇ということになっている。このように文献によって違いがあるが、飛騨や位山と天皇家との関わりが言い伝えられてきている。なお、「日本書紀」で朝廷に反抗した邪神としているこの両面宿儺《りょうめんすくな》については他に次のような説もある（4）

「仁徳帝の御世、飛騨の出羽ヶ平の洞窟から飛騨が太古世界の神都であったというタブレットが見つかり、地元の族長が日玉国を再興しようとした。これを知って朝廷は驚いた。当時、朝廷には飛騨や越中を聖視する記憶がいくらかは残っていたが、大陸文化流入の中で今さら飛騨に神都を興されては困る。そこで抹殺を決意し、かっての神を悪神として封じ込めたのである」（『日本ピラミッド超文明』学習研究社）

このような事情が、仁徳天皇が都から遠く離れた飛騨の一人の異形人に対し、自ら討伐の命令を下し、朝廷第一級の将軍を討伐に派遣した理由とされている。

筆者が飛騨の位山に登ったのは二〇〇一年の八月下旬であったが、中腹まではタクシーで行き、下山後もその車で日輪神社などをまわった。位山についての聖地としての話は十年以上前に書物を読んで知っていたが、近くに住んでおり、また飛騨の地には観光で数度足を運んでおりながら、位山に登ることはなかなか実現しなかった。歴代天皇（もちろん神武天皇以前の天皇）の御陵に比定されている巨石遺跡や天照大神《あまてらすおおみかみ》の神陵とされる鏡石などは、中腹から頂上にいたるハイキングコースに並んでおり容易に目にすることができたが、帰りに祭壇石も見て帰ろうとして別の斜面を下ったところ、途中で道がとぎれ、背丈ぐらいある草ぼうぼうの地に入り込み、しかも至る所に崖があったりして、散々な目に遭ってしまった。祭壇石はとうとう確認することができなかった。麓の牧場にたどり着き、休憩センターでコーヒーを飲んだ時にはほっとしたものである。余談になるがこの後自宅に帰って新聞に目を通していると、ちょうどこの前後、ある人が位山登山で行方不明となり、数日後に無事発見されたが、このことを書いた記事が載っており、その記事の最後に〝なお位山は天照大神《あまてらすおおみかみ》の居所があったという伝承で知られている〟という文章が掲載されていた。（毎日新聞）

(三) インド・ナーガ族が天皇家である

さて、おそらく上古第二十五代の天津彦火火出見身光天津日嗣天日天皇の後と思われるが、わが国を出て大陸へと向かわれた天皇家は、どのような行程をたどられたのであろうか。この問題に関して多くの文献資料を駆使して明確に答えているのは、筆者の知るかぎり鹿島昇氏一人である。ただ鹿島昇氏は天皇家が大陸からの渡来氏族としながらも、しかもインドのナーガ族やシュメール人(フリ人)から日本への渡来経路を物部氏や大伴氏などとともに示しながらも、そのナーガ族やシュメール人が日本から出て行ったものとしていない。氏によればナーガ族は新羅の三つの王姓、すなわち天降三姓の朴《ぼく》、昔《せき》、金《きん》の一つ朴氏にあたり、シュメールのウル第三王朝から出て途中でカルデア人と混血してシャキィ族となり、インドのプール国やコーサラ国を経てメコン河のタライン国、ベトナムの文郎《ぶんろう》国、中国南陽の宛《うつ》の徐氏と続き、満州で扶余に合体することになるが、筆者はウル第三王朝を出てからの行程には異論はないとしても、もとのナーガ族は氏の言うアッサムや雲南の倭《わ》族である朴氏ではなく、日本から出て行かれた天皇家であると解している。このことはこの後、インドのナーガ帝国のところで説明する。さらに、満州で扶余に合体した時には穢《かい》国を名乗っていたが、その王はアグリナロシやイサシであった。が、その子孫を氏は熊本に多羅国をたてた陜父《きょうふ》や物部氏の祖のニギハヤヒとしているが、アグリナロシヤイサシの子孫は高句麗をたてた高氏または穢氏である。この高氏または穢氏は、物部氏ではなく、大伴氏と筆者は考えている。

鹿島史観については、今ようやく一部で取り上げられるようになったばかりで、それも在野の史家が多く、アカデミズムからの反応については詳しいことは知らない。ただ一時期、氏の著作研究のとりことなった筆者から見るとこれまでになかった視点を歴史研究に投じるもので、肯定するにしろ否定するにしろ誰もが一度はそこに立ち帰らなければならない内容を有していると考えている。ただ、筆者は氏の史観を全面的に受け入れてはおらず、骨格から独自に変容し直して解釈しているが。鹿島氏の著作との出会いは「倭と日本建国史」で、以後それ以前の著作のほとんどを取り寄せて読んだが、最初の「倭と日本建国史」を一読した時には半分を理解できたにすぎなかったし、また受け入れ難い気持ちになったものである。独特の世界観や歴史観がアプリオリにある人で、それに意図的に種々な史的事実をあてはめ並べた著作という印象を持ったのである。それにしても著作にいたる厖大な文献、資料には圧倒された。「倭と日本建国史」の巻末の参考文献だけで二百二、四十を数え、しかもそれまで聞いたこともない〝ジャキィ族〟、〝ウラルトゥ〟といった歴史用語が頻繁に出てきて、その前後関係を整理することもままならない状態であった。そのため「倭と日本建国史」の後は、これ以上著者と関わろうという気持ちはなかったのである。そもそも日本の天皇家がインドのナーガ族やシュメール人

（フリ人）に源をもち、中東で邪悪な神とされるバール神を信仰する外来氏族で、非日本人であるといった説を素直に肯定することができなかったのである。氏はインドの紀元前十〜五世紀の十六王朝をはじめ、中国の殷や周、秦、漢から唐にいたるまで、そしてジンギスカンのモンゴルから新羅、高句麗、そしてわが国の邪馬台国や物部氏、大伴氏、藤原氏、源平にいたるまで中東のシュメールに端を発する民族の流れ、移動で逐次詳しく説明しているが、これも最初は受け入れがたかった。どうして殷や周は中国起源の中国人でいけないのか、新羅や高句麗は朝鮮民族の王朝ではなかったのか、物部氏や大伴氏、藤原氏が日本人ではなく、シュメールに端を発する（中東に端を発する）外来氏族などという説を誰がまともに相手にしようかというのが印象であった。厖大な文献、資料にあたられていることには敬意を表しつつ、その独特の史観には半ば閉口させられたのである。そのような筆者がもう一度鹿島史観に目を向けるきっかけとなったのは、NHKの「四大文明シリーズ」を見ていた時であった。番組の中で〝メルッハ〟とか〝マガン〟といった地名が登場し、どこかで聞いたことのある名だと思い出してみると鹿島氏の著作にあった地名であった。そして、頭の中で〝メルッハ〟、〝マガン〟などとくり返しているうちに、一つのことに思いいたったのである。鹿島氏の言うインドのナーガ族やシュメール人を日本人と考えることはできないのか、そしてそれは天皇家であり、シュメールの地から北はウラルトゥやバクトリアから中国を経て満州の扶余へ、南はシャキィ族としてインド、タイ、ベトナム、中国を経て満州で扶余に合流し、韓半島を通って北九州、そして大和へという大陸を一周するルートが描けないであろうかというものであった。もちろん、この時はこんなに明確な経路が浮かんだわけではなく、あくまでももっと漠然としたものであったが。そして、手はじめに氏の著作「バンチェン・倭人のルーツ」を取り寄せて読むと自分の考えにある程度確信がもてるようになり、氏の著作を次々と取り寄せて読んだのである。ただし、先に述べたように氏の史観を根本から組みなおして解釈している。鹿島氏はもともとは弁護士であり、聞くところによると裁判で〝山の民〟などの聞きなれない言葉を耳にし、一体何なのかと興味を持たれ、そこから歴史の研究に入ったとのことである。数年前に亡くなられたが、筆者の歴史研究、この「陰陽歴史論」に多大にして根本的な影響を与えて下さったことに感謝しつつ、氏の史観を筆者が独自に解釈し直して引用させて頂いていることをお許し願いたい。鹿島曻氏との出会いがなければ、「陰陽歴史論」は生まれていないし、「この国のすがた」、日本とは何かについての歴史的考察も中途半端なままで終わってしまったと思っている。

さて、インドのナーガ族であるが、その研究について最も権威を有しているC・F・オールドハムは、「リグ・ヴェーダ」に出てくる蛇やアスラ、「マハーバーラタ」のナーガ族は同じものので、アーリア人の侵入に抵抗した先住民族であるとしている。そして、このナーガ族の最上位には〝太陽の子〟が君臨しており、太陽神の直接の権化であった。インダス文明を築いた謎の民族も、どうやらこのナーガ族のようで、オールドハムは北インドのケナブ渓谷のタッカー族がナーガ族の後裔で、今日でもその象徴としてナーガ（蛇神）を祀っているという。なお、このナーガと呼ばれる蛇は、カンボジアのアンコール・トムの遺跡に見られる七頭の蛇の〝ナガ〟のことでもあり、ナーガ族が蛇という動物を信仰していたというのではなく、宇宙創造の七つの原理を七頭の蛇に置き換えて信仰していたのであり、この宇宙創造の七つの原理は後に「聖書」の七日間で天地が創造されたという記述になっていく。このインド古代のナーガ族について、石上玄一郎氏は次のように述べる。

「アーリア民族はやがて奥地にひそんでいたアスラの名で総称されるナガ族、ダナヴァ族、ダイユ族などと戦って征服したことになっているが、同時に先住民族から強烈な影響を受けざるを得なかった。先住民族の宗教は太陽崇拝であった。それから彼らの残した卍形の記号や太陽の殿堂があったというヒラニヤーブラの伝説によって裏付けられる。この太陽崇拝はアーリア民族に直接のかたちで受けつがれはしなかったが、後にウパニシャドの時代になって、その中心思想の〝梵我一如〟の〝梵〟、つまりブラフマンとして形而上化されるにいたった。」（「ヌンの海から来た人々」平河出版社）

スワスティカ（卍）はもともと宇宙エネルギーの発動の神聖な表現で、ナーガ族が残したものであったが、二十世紀になってヒトラーのナチスが独自に解釈して悪用したことはよく知られている。ナチスの前身は北欧神話のアースガルドやインド神話のアガルタという地底世界への信仰を有するトゥーレ協会という一種の秘密結社で、ヒトラー自身がその地底世界を求めて探検隊をチベットに送っており、そこで知り得たものと思われる。ソ連軍の侵攻でベルリンが陥落した時、そこに数多くのチベット人の死体があったことが確認されている。また、ヒンズー教は基本的にはこの地底世界の神々を信仰しており、シヴァは中東のバール、ビシュヌは中東のアシュトラと同一神であるが、ヒンズー三神の残りのブラフマンは地底信仰のアーリア人が持ち込んだ神ではなく、先住民族のナーガ族の神であり、筆者の言うとおりナーガ族がわが国の天皇家であるとすれば、天之御中主神《あめのみなかぬし》と同じスバル、すなわち天界の神となる。ブラフマンは釈尊を導いた梵天として知られているが、実は釈尊の〝空の世界〟やキリスト教の〝天の父なる神〟もこれと同系列に考えられるべきで、キリスト教神学が説くように〝天の父なる神〟はヤハウェのことではない。ヤハウェは三位一体の〝御子〟に該当する。ついでに言えば、仏教の大日如来はシヴァ、薬師如来は壺をもつ姿からしてビシュヌ（アシュトラ）、観音菩薩もビシュヌの姿や名前を変えたものと解されるべきである。要するに、世界の宗教は天の中心としてのスバルに連なるものとアースガルドやアガルタという名の地底世界に連なるものとがあり、このうち、後者はまさに〝天、つまり高天原から追放された堕天使〟の世界と考えるべきである。サタンの王子とされ、シリアの神で、ペリシテ人の都市、エクロンの守り神とされたベルゼブルは、別名をバール・ゼブル（崇高なるバール）と称され、イスラエル人によってハエのバールと嘲笑されたが、バール神とはこのベルゼブルのことであったという事実からもこのことが知られる。日本の神社はスサノオの出雲系の神を祀ったものが大半だが、日本神話によると三貴神のうち天照大神《あまてらすおおみかみ》は高天原の統治を委ねられ、スサノオは根の国（地底）に追放されたことになっている。このスサノオの根の国（地底）への追放は、先に述べた堕天使の天界からの追放と同じ構図と考えるべきである。ただし、ややこみ入ってくるが、スサノオは他の伝承を考察すると堕天使ではなく、子のベルゼブル（バール）に比定されてくる。物部氏やその祭祀を担当した忌部氏、賀茂氏の祭祀したもので、日本の神社の大半は天皇家の天之御中主神《あめのみなかぬし》や天照大神《あまてらすおおみかみ》を祭祀したものではない。日本の神社で最大の数を誇る八幡神社も忌部氏や賀茂氏と同系列の大神《おおが》氏、または辛島氏の祭祀したものだが、記紀の中でも全くの説明がなく、正体が不明とされてきた八幡神は、八幡神社の神宮寺を弥勒寺と称することからもわかるように弥勒（ミロク）、すなわちミトラ神のことである。バールと母であるアシュトラ（妻でもある）が交わって生まれたミトラはバールの生まれ変わりともされる。このあたりの事情については、別途詳しく説明しなければ理解してもらえないと思うが、日本の神社には天皇家のスバル信仰のものは伊勢神宮などのほんの一部しかなく、大半はハム系の物部氏（出雲）のもので、あとはセム系の秦氏の稲荷神社などが存在しているにすぎない。天皇家は天之御中主神《あめのみなかぬし》のスバル信仰であるのに対し、物部氏は神産巣日神《かみむすび》のオリオン・シリウス信仰、秦氏は高御産巣日神《たかみむすび》の北極星・北斗七星信仰である。

やや話がそれたが、ナーガ族について石上玄一郎氏はさらに次のように続けている。

「アーリア民族のバラモンすらこのアスラ王の神聖を認めずにはいられなかったほどである。『リグ・ヴェーダ』において〝アスラ〟なる言葉は〝不滅にして最も勝れしアスラ力《りょく》を所有し……〟というように〝不可思議な力〟という風に使用されているが、後にアスラはデーヴァ（神）に対して悪魔を意味するようになった。それはむろんアーリア民族の侵入に対して最後まで阿修羅の如く抵抗したのがアスラ族だったのでバラモン教によって悪魔の如くみなされたのは当然であろうが、不思議なことにこの悪魔を意味するアシュラがイランでは善神アフラであり、天神デーヴァが悪魔のダイヴァになっている。ナーガ族はバラモンたちによって残忍な迫害を受けた。『マハーバーラタ』の冒頭にガンダヴァーの森を焼くことによって彼らを破滅に追い込んだ恐るべき迫害が述べられている。

インダス文明を支えていた人々はドラヴィダ民族と想定されているが、アスラ族はその貴族階級にあたるもので、アスラはその紋章としてナーガ（蛇）を選び、それ故にまたナーガ族とも呼ばれていた。アスラ族とナーガ族は蛇を信仰していた。〝不殺生〟はもともとインダス文明の担い手だった先住民族の思想であった。インダス文明の遺跡から発掘された弓矢を見ると鏃《やじり》は尖らず丸い玉になっており、彼らは野獣を射るにしても、殺さずに失神させて捕えたらしい。

アーリア民族の天文学に関する知識は、アスラ族から得たものらしい。

輪廻思想はもともと太陽信仰をもっていた原住民のものであり、原住民の気質を多分に受けついでいたクシャトリアがこの『五火二道』説をバラモンに伝えたということであろう。」（以上「ヌンの海から来た人々」平河出版社）

インダス文明は強大な王権や種々の武器の遺跡のない文明として知られており、通説のようなアーリア人の侵入によって滅んだというよりもそれ以前から塩害や森林の乱伐でかなり荒廃していたようであるが、謎の文明とされ、その担い手がなかなか特定されなかった。けれども、今述べたようなナーガ族との関わりが今後研究されていかなければならないと思われる。

さて、わが国から出て行かれた天皇家の足跡をインドに見たが、わが国とインドのつながりを示すものとしては言葉がある。大野晋氏の有名な「日本語のタミール起源論」である。タミール語は四つからなるドラヴィダ語の一つであり、インダス文明をナーガ族とドラヴィダ族が築いたという石上玄一郎氏の説に従えば、その頃からタミール語は日本語との類似性を有していたと考えられる。氏によると日本語とタミール語には現代語を中心に音の対応の法則にあう単語が一二〇語あり、対応語は五〇〇語、基礎語は二〇〇〇語くらいあるという。例えば日本語の〝田んぼtamb-o〟はタミール語で〝tamp-al〟、〝堅いkat-a〟は〝kaṭṭ-a〟、〝勝つkat-u〟は〝kaṭ-i〟、〝金kan-e〟は〝kaṉ〟、〝旅tab-i〟は〝tav-ir〟、〝成るnar-u〟は〝naṟ-u〟、〝町mat-i〟は〝mat-il〟、〝分くwak-u〟は〝vak-u〟などである。そして以下次のように述べる。

「カレーはタミール語のkar-iで、それがイギリスに入り、その後日本に入った。日本にも〝カラ（辛）〟という言葉がある。……日本語のハタには〝旗、生地、爪〟の三つがあるが、タミール語の〝paṭ-am〟にも同じ三つの意味がある。……日本語のアハレは日本文学や日本美で最も基本的な言葉だけれども、その語感の系統がタミール語のaval-am（アヴァラム）に遡る。受身の苦難、悲哀、心痛の意がある。

日本語とタミール語の助詞はみごとに音が対応している。noとiṉ、niとiṉなど。

タミール語の最古の歌集『サンガム』の歌の母音の数が五、七、五、七、七と和歌の五七五七七の形式である。……古典の係り結びと同じものも見られる。

タミールには一月一五日に赤米でおかゆを炊いてカラスに供える祭りがある。私の家でも一月一五日に赤い小豆がゆを食べた。……一月一五日の小正月の行事で〝ホンガホンガ〟といって家をまわるが、それをタミールでは〝pongalō pongal〟と呼ぶ。米の豊作を祈る行事だが、一月十四日の晩に古い物を焼くこと、新年の若水を汲むことなど合わせて一三の類似点がある。

弥生時代に入ると、北九州では死者をカメに入れて葬り、吉野ヶ里遺跡では二千個が発掘されている。朝鮮や中国で見つかっていないのが南インドにあり、四百、五百と集合墓地をなしている。……、南インドからジャポニカのような米や日本の弥生土器に似た遺物が出土している。

スリランカのサダシヴァム教授は『ドラヴィダ語としてのシュメール語』で、紀元前二四〇

○年以前のシュメール語は、タミール語と同系であると主張している。」（以上「日本語はどこからきたのか」中公文庫）

（四）日本とインドを結ぶ文明Xについて

わが国から出て行かれた天皇家がインドのナーガ族となり、さらに西へ進んでシュメール文明を築かれたというのが本書の主張だが、実は日本から直接インドへというルートは考えにくく、その間にある文明を筆者は想定している。ただ、この文明については文献や資料が乏しく、いわゆる失われた古代文明というアカデミズムの範ちゅうに入りにくいもので、さすがに本書で取り上げることには躊躇されたが、鹿島曻氏に近い人の言によると鹿島氏もナーガ族の前身としてその文明の可能性を示唆していたということもあり、それほど荒唐無稽な話でもないようで、あえてここで取り上げることにした。日本とインドを結ぶ文明Xとはムー大陸のことである。この日本とインドを結ぶルートについては、筆者自身未だきちんと見きわめができておらず今後のテーマ、課題として長年かけて探求していかねばならないと考えているが、ここではその可能性としてあげておきたい。

先にオールドハムのナーガ族についての研究を取り上げたが、その著書「太陽と蛇」の中で

〝ヒラニヤプーラはアスラの大族とヒラニヤカシプの首都だった。このヒラニヤプーラは伝説によれば、現在のムルタンの場所を占めていた。太陽の大神殿がこの都市に建っていたのだ。〟と書き、アスラ（ナーガ）族の首都がヒラニヤプーラであったとしているが、このヒラニヤプーラ（ヒラニプラ）はジェームス・チャーチワードの著作に出てくるムー大陸の首都と同じ名である。また、「ラーマヤナ」の作者のバルミーキは〝植民者（マヤ）はムー大陸から日の沈む方向をめざし、ひと月の航海をしてきた。彼らは初めビルマに着き「ナガ」として知られるようになった。ビルマから彼らはインドのデカン地方に来た……インドを出たナガ・マヤ人はバビロンに行って母国のムーの宗教と科学を伝えた〟と記している。さらにインドの学者ダヤナンド・サラスワチやスワミ・ガナーダは〝ナガ族はパータラ（対照地、地球の反対側）からインドへ来た〟と書いていることがチャーチワードの著作に見える。いわゆるムー大陸についてはイギリスの軍人チャーチワードが二十世紀初めに「失われたムー大陸」、「ムー大陸の子孫たち」など一連の著作を出版し、当時ベストセラーになったが、チャーチワードがインドの古文書を発見して発表したこれらの書物しか文献がなく、長い間実証性に乏しいものとされてきた。今から一万二千年前に太平洋を東西にまたぐ大陸が存在し、しかも現在をしのぐ文明が栄えていたという内容は、まともに受け入れられるものではなかった。しかし、チャーチワードは若い時に古文書を発見して以来五十年をかけてその研究に没頭しており、世界中から関連資料を集め、その成果として晩年に著作を発表したのであってその努力は認められねばならない。本書においてチャーチワードのインドのナーガ帝国についての研究、ナーガ族がシュメールの地に現われた時の描写などを参照しているのも、彼をたんなる空想家として扱えないという考えに基づいている。もちろん、ムー文明についての研究はチャーチワードの著作だけでは不充分であり、筆者を含めて今後の課題として残っている。何よりもチャーチワードはムー大陸からビルマ、インドに出かけて行ったのがナーガ族だとはしているが、日本人そして天皇家が日本からムー大陸へ移られたなどとは、一言も述べていない。彼はムーの人口六四〇〇万人は十種族の人種から成り立っていたとしているが、その中に日本人がいたなどとは書いていない。筆者が日本とムー大陸との結びつきを想定しているのは「竹内文書」の記述の一部によるものであり、またインドのナーガ族と日本人との類似性からの類推にすぎない。

さて先に、日本とムー大陸とのつながりを示唆する文献として「竹内文書」をあげたが、今のところこれ以外の資料は見出せないでいる。ゆえにこの問題は、これから長い年月をかけて探求していかなければならないと考えているが、「竹内文書」には日本列島の南にミヨイとタミアラという二つの大陸が地図上に書かれており、これがムー大陸が沈没する以前の地形を表しているると指摘する人が多い。しかし、これにも諸説あって、ムー大陸が二つに分かれていたことから、ミヨイとタミアラで伝説にきちんと合っているという説がある一方で、ミヨイはムー大陸でよいが、タミアラは同じ時期に沈んだとされるアトランティス大陸のことだという説もある。アトランティスはプラトンがエジプト人の神官から聞いた話として自らの著作に記しているように、一般にはジブラルタル海峡の先の大西洋に存在していたとされており、「竹内文書」の地図のように日本列島の南の太平洋にミヨイと並んで書かれているタミアラをアトランティスと解釈するのは無理なようにも思われる。が、日本列島のはるか彼方の海上に大陸が二つ存在したことを示唆しているだけで、その位置や距離については特に注意が払われなかったと考えると、タミアラをアトランティス大陸と解釈してもさしつえないようにも思われる。「竹内文書」には天皇の皇子をミヨイやタミアラの国王、国主として派遣したと記した後、「註」として〝ミ国すなわちミヨイ国にて、現在南洋諸島は没落した残骸である。又タミアライ（タミアラ）の国はミ国と同時代に没落してその残骸を止めず大海原と化したアトランチスのことなり〟としており、ミヨイを太平洋のムー大陸、タミアラを大西洋のアトランティス大陸と考えているようである。このミヨイ、タミアラへの皇子の派遣については、〝上古第十二代の時に、天之三代イ姫命がミヨイ国主となり、天之民阿良姫命《アメノタミアラヒメ》がタミアラ国王となり〟、〝不合《ふきあえず》朝第三十七代の時に、ミヨイ媛命を国王に任ず。タミアラ大彦命をタミアラ国王に任ず〟〝不合朝第四十一代の時に、タミアラ大彦命をタミアラ国主任ず。ミヨイ大道媛命をミヨイ国主任ず〟、〝不合朝第五十四代の時に、タミアラ、ヒハイレ彦命をタミアラ国王に、ミヨイ、ヒワタミ姫命をミヨイ国王に〟

などと記されており、さらに国王、国主に任じたとまでは説明されていなくても、ミヨイやタミアラの名をもつ皇子が上古第一代、第二代、第四代、第九代、第十二代、第十三代、不合朝第二十一代などに登場している。日本からミヨイやタミアラ（ムーやアトランティス）に歴代天皇の皇子、皇女が派遣されていたと考えると日本からインドのナーガ帝国との間に文明Xとしてムー大陸を予想することも可能になってくる。ただ、この失われた文明についてはチャーチワードの著作しか資料がなく、その実像は未だ明らかにされていない。しかし、最近になってナーガ族がビルマやインドに布教用として携えて行った「ナーカル文書」が実は存在したという話を聞いたりする。日本神話の元型が書かれているとされる文章だが、これらの解明が進めば、チャーチワードが記さなかった日本とムーの結びつきも明らかにされてくる可能性もある。なお、ムー大陸は高天原信仰、アトランティス大陸は地底信仰で、相対立する文明であったと一般にはされている。

（五）インド・ナーガ帝国からシュメールへ

コーサンピーが「インド古代史」において〝ナーガは森林の原住民の一般的な名称だが、コブラ（ナーガ）を崇拝したナーガ族を狭義ではさした。クル地方にアーリア人がはじめて定住した時それに隣接したジャングルにいた〃としているナーガ族を、チャーチワードは〃ナガ人はムーからの教育、布教に来た移住者で、アーリア人は彼らから文化を吸収した。バラモン教の聖典「リグ・ヴェーダ」にムーの人々の持参した「聖なる霊感の書（ナーカル文書）」と一致する字句がある。しかし、バラモン僧たちは自分たちの師であるナーカルたちをインドから追い出した〃としている。そしてナガ人の築いたナーガ帝国についてインドなどの古文献を参照して以下のように述べている。

「今から七万年前、その〃母なる地〃から一団のムー人が西へ向かい、まずビルマに移住した。彼らは母国の宗教と科学の伝道を目的とする〃ナーカル（聖なる同胞）〃と呼ばれる賢者たちで、ナーガ族の名で知られるようになった。彼らはさらに西進して、インド東部の現ナーガランド地方に腰を落ち着けると、インド半島全土に〃母なる地〃の文明を広め、やがて三万五千年前首都をアヨージャに定めてインド最初の国家〃ナーガ帝国〃を建設した。その初代の王の名はラーマといった。ナーガ帝国はムー大陸が一万二千年前に大災厄で海中に消えてからも、〃母なる地〃の文化遺産の正当な後継者として数千年間栄華を誇ったが、やがて野蛮なアーリア人の侵入を受け、インダス文明を最後の輝きとして滅び去った。ただ、アーリア人はナーガ族を残虐に抹殺する代わりに、まず巧みにその高い文化と思想を吸収して自分たちのものとしながら、徐々に駆逐していった。たとえば、バラモンの祭官階級が書いたとされる最古の宗教書『ヴェーダ聖典』や最古の天文書『スーリヤ・シッダンタ』も真の原典はムー文明にあり、彼らは先住民の文化遺産を盗んだにすぎなかった。

ラーマ王が〝太陽の子〟と呼ばれるのは、太陽の帝国ムーの植民地を治めるムー王朝直系の子孫という意味だ。(『ラーマヤナ』のなかで人類の祖マヌが〝太陽王朝〟最初の王であり、そのマヌが建設したアヨージャの都にラーマ王が住んでいたことと符節が合う。)」

インドに数万年前に文明が栄えていたとする説はなかなか受け入れがたい思われるが、このような古代文明については未だわからないことの方が多く、むやみに否定されるべきではない。例えば二〇〇二年一月一七日の毎日新聞には、インドのジョシ科学技術相が〝インド西部のスラト沖のキャンベイ湾で、九五〇〇年前の古代都市の遺跡が発見されたと発表した〟と報じている。これまで世界最古とされてきたシュメール文明を、四〇〇〇年遡ることになる。インドの二ヶ所とドイツの一ヶ所の研究所での年代測定の結果からわかったという。古代文明についてはわからないことばかりなのである。

チャーチワードによるとムーはラ・ムーと呼ばれる天帝と交流できる、天帝の代理者によって治められていたが、神の代理者であるゆえに神として敬うことは禁じられていたという。天帝との交流とは宇宙エネルギーの活用につながるものだったようで、宇宙エネルギーは動植物の成長を促進し、石油の代替エネルギーとなり、病気を治癒し、健康を増進させたという。(5)そして、植民地が帝国になった時には初代の王はラ・マ（ラーマ）と呼ばれたとされる。インドの古代叙事詩のバルミーキの「ラーマヤナ」は、ラーマ王子が魔神ラーヴァナに奪われた妃シーターを盟友ラクシュマナや猿王ハマヌーンと奪回に向かう話だが、バルミーキの創作ではなく古代から伝承されていた話を二世紀頃に彼が編纂したものであり、その元型に登場するラーマ王子をナーガ帝国の王と同一視し、ストーリーはもっと別なものであったとする説もある。ちなみに鹿島氏がナーガ族とカルデア人の混血のシャキイ族の王朝としたタイのアユタヤ王朝の名は、ナーガ帝国の首都アヨージャからきた名であり、現在のチャクリ王朝の王は歴代ラーマ王を名乗っており、バンコクのエメラルド寺院にはラーマ王行状記が描かれているという。

要するにタイのチャクリ王朝がナーガ族、そしてその祖の日本の天皇家と近い存在と想定されることを述べているであるが、これらはいずれもスバル、つまり天への信仰にある。それに対し、ナーガ族に敵対し、後にインドにヒンズー教をもたらしたアーリア人は地底のアースガルドやアガルタの神を信仰しており、これは「ヴェーダ」の神でもある。この天への信仰と地への信仰という二つの民族系を座標軸にして歴史をとらえ直したのが本書の「陰陽歴史論」である。天と地、つまり陽と陰である。

ナーガ帝国についてチャーチワードはさらに次のように述べている。

「カンボジアは古代ではビルマに属していた。この国の最古の住人はカンピアと呼ばれ、蛇神崇拝であった。後に彼らは〝コーメン〟として知られた。アンコール・トムの遺跡にはあらゆる所にコブラが鎌首をもたげている彫刻が見られる。七頭の蛇（ナーガ）こそ、アンコール独特のものである。……ナーガとは天地創造の際の創造主の七つの命令にちなんでシンボルを七頭の蛇とした。

インドはその古い時期においてギリシアの賢人、哲人たちの留学の地であった。バラータ（デカン地方の古名）には輝かしい文明が栄えていた。その文明は母なる国ムーが消え失せた後も八千年にわたって栄え続けたのだ。母国の消滅の時からインドが肩代わりして世界の諸国のためにその文明を背負い続けた観がある。紀元前五〇〇〇年頃にいたるまですべての分野でインドは世界各国をリードし続けてきた。

古代のナガの帝国は現在のナグプールの町があるデカン地方にあったらしい。……ナガ帝国は三万五千年以上前に建設され、その後もう一つの帝国が紀元前三千年頃まで一万年続いた。

H・T・コールブルック（英）は『アジアの探求』の中で〝マヤ（王子）は『スーイラ・シッダーンタ』の著者と考えられる。インド最古の天文理論で、王子は太陽の化身から天文学を学んだ〟と言っている。伝説に〝マヤ王子は二万年以上前の人物で、若い頃に母なる国へ赴き大学で天文学を学んだ〟とある。〝太陽の化身〟とは〝太陽の帝国〟の誤訳であろう。『スーイラ・シッダーンタ』はロバート・チェンバーズによってベナレスで発見されたが、ムー大陸で書かれたものを持ち帰ったと思われる。

アーリア人が最初に住みついたインドの北方にナガ族のマラータ王国があった。この国は後にインド中央部に移っているが、アーリア人によって南方へ追い出されたのである。後世ムガール帝国が築かれた時、一六五〇～八〇年にかけてマラータ王国の末裔はシバージーにひきいられ反旗をひるがえしイスラム軍を悩ませている。一万年以上前の建国と思われる。

マドラス地方のニルジェーリの丘陵地帯オータカムンドに住むチューダ族やカシミールの深い河谷に住むナヤ族はナガ族の子孫と思われる。ナヤ族は今も七頭の蛇ナガのシンボルによっ

て天帝を祀っている。」(以上「ムー大陸の子孫たち」青樹社)

もちろん、このような古代インドの文明や帝国がアカデミズムによって実証されているわけではない。先にあげた九五〇〇年前の遺跡についてもまだ発見されたばかりであるし、何よりもインドの古代史はその文献、資料がほとんどないことで知られている。「マハーバラタ」、「ラーマヤナ」といった神話や物語が今に伝えられているが、それもどれだけ歴史的事実を語っているのか定かではない。ただこれまで最古とされてきたシュメール文明がインドから持ち込まれた文明であると唱える人も最近増えてきている。とすれば、シュメールに先行してインドに高度な文明が存在したことも充分考えられるのである。

さて、歴史学では人類の文明はシュメールに始まるとされる。そして、バビロニアの初期の神官にして史家のベロソスは〝メソポタミアに文明を持ち来たったのは、オアンネスという六人の者で、彼らは半人半魚であった。そして、ペルシア湾から来たのである〟と述べている。このベロソスの言葉はヘロドトスの著作に見えるが、単なる伝説とされてきたオアンネスについてチャーチワードは〝ナガ族の表象で魚は東西雄飛する移住者の姿で、バビロニアの始祖の半人半魚の伝説が思い起こされる〟として次のように述べている。

「マヤ人のうち、インドに移住したナガ・マヤ人は、アラビア海を西へ西へと進み、ホルムズ海峡からペルシア湾の奥深く入り、ユーフラテス河の河口に着いた。おそらく、一万八千年前以上のことと思われる。……シュメール人のシュメールという言葉もナガ・マヤ語で〝平地・平原〟を意味する。彼らは河口から奥地へ入って行き、そこに第一の都エリドゥを築き、オベイド、ウルクと次々に都市ができた。（訳注：一九四八年にメソポタミア最古の神殿がエリドゥで発見され、半人半魚のオアンネスを祀ったものであった。）

セム人と出くわしたシュメール人は、水に飛び込んで得意の潜水泳法で相手の様子をうかがった。これを見たセム人はあまりのその泳法の巧みさにこれはてっきり半魚人と思い込んだ。ちなみに、半魚人オアンネスOonnes,Hoa-anaはナガ・マヤ語のNa=Water、a=they、no=house、つまり〝短舟に住める者〟を語源としているようだ。

バビロニアの文化は紀元前七〇〇〇年に遡るといわれるが、インドの古記録が述べているように一万五千年というのが真実と思われる。紀元前七〇〇〇年というのはセム人がシュメール人を征服した年代と考えた方がよいだろう。それより数千年前すでにそこにはムー帝国の流れを汲むシュメール文化が根をおろしていたのである。（以上「失われたムー大陸」角川春樹事務

所）

アッカド人とシュメール人はバビロニアの先住民族であったが、北方から来たセム人に攻撃され征服される。セム人はアッカド人やシュメール人の文明が自分たちよりすぐれていることを認め、殺したり、奴隷にしたりせず自分たちと同化させようとした。つまり、対等に扱い、互いに結婚した。特に学者は優遇された。アッカド人とシュメール人は知識、教養ごとセム人に吸収され、やがてカルデア人が生まれた。」（「ムー大陸の子孫たち」青樹社）

チャーチワードの描くナーガ帝国からシュメールへの文明の伝播はこのようなものである。ただし、彼がメソポタミアに上陸したシュメール人がアッカド人と後に称されたとしているのは誤りのようで、アッカド人はシュメール人と最も親近ではあったが、セム系に分類されている。シュメール人はセム系でもハム系でもなく、どの分類にも入れることができない。

（六）二つのシュメール、ウルクとウル

シュメール人は謎の民族である。二十一世紀の今になってもその出自や民族の素姓が未だ明

らかになっていない。そして、紀元前二〇〇四年にウル第三王朝が滅んだ後、その後の消息が忽然と消えている。このシュメール人についての研究でほとんどの人が一度は目にするとされる高楠《たかくす》順次郎氏の「知識民族としてのスメル族」は、スメル（シュメール）民族の発祥の地をコタンの里、現在のホータン（和田）としている。北魏の拓跋氏、匈奴、突厥、クシャナ月氏、秦氏、クッチャンもホータンが根拠地であったとしている。中国西南部の崑崙《こんろん》山脈の近くで、「宮下文書」に登場する白玉川と黒玉川、ユルン・カシュとカラ・カシュが流れており、南にヒンズーの聖地カイラス山、南西に牛頭山がある。確かにシュメール人の一派はこのホータンをその発祥の地としているようであるが、この一派とは「聖書」に登場するノアの息子のセム・ハム・ヤペラの三人の血族であり、シュメール人には別にセム系、ハム系、ヤペラ系のどれにも属さない〝謎の民族〟としてのシュメール人が存在し、これは日本からムーやナーガ帝国を経てメソポタミアへやってきた人々である。広義のシュメール人は前者と後者を含めるが、狭義のシュメール人は後者だけである。「旧約聖書」はアダムとイブから始まり、九代目にノアが出てくるが、洪水で有名なノアの三人の息子の子孫が全世界に広がっていってそれぞれの民族の祖となったと記している。セムの流れからユダヤ人やアラブ人が出現し、ハムの流れからエジプト人、リビア人、黒人が出現し、ヤペテの流れから白人（コーカソイド）が出現したとしている。これは世界の全人類がアダムとイブの子孫であるとする考えに基づくものであるが、単純に考えても日本人や中国人や東南アジアの人々がどの系統に属するか説明がなく、また欧米の白人がすべてヤペテの子孫だと言われても白人にもいろいろあり、受け入れ難く思われる。実はアダムとイブが追放されたエデンの園とは地底世界のアースガルドやアガルタ（またはシャンバラ、シャングリラ）のことで、これはシュメールの古文献に神々の故郷ティルムンとして出てくる。そして、全世界に広がっていったとされるセム、ハム、ヤペテ系の民族はこの地底世界の神々を信仰する血脈で、歴史上の日本、中国、朝鮮、ヨーロッパの王朝のほとんどすべてがこれに属する。日本の天皇家のみがスバルの高天原信仰で、他の歴代王朝はほとんどすべてが地底信仰と言ってよい。このうちセム系は基本的には天皇家に接近し、ハム系とヤペテ系は半分が接近、半分が敵対している。ハムとヤペテの血族が信仰する地底神は、アーリア人の「ヴェーダ」に登場する神々でインドラやミトラが有名だが、中東ではダゴン、バール、アシュトラ、ミトラ、エジプトではオシリス、イシス、ホルス、北欧ではオーディン、トール、日本神話ではスサノオ、ニギハヤヒ、オオクニヌシなどが知られているが、これらは例えばバールとオシリスとトール、スサノオが同一神であるように同じ地底神が地域によって別名になっているだけである。この地球の支配層とも言える血脈は、日本、中国、ヨーロッパではせいぜい一割、多くても二割で大多数の人々はキリスト教や仏教を信仰している別起源のふつうの人々で、アダムやイブの子孫ではない。ただ、中東から中央アジアにかけてはセム系やハム系の民族が多いから全世界では二割か三割くらいにふくれあがるかもしれない。高楠《たかくす》順次郎氏の言うホータン起源のシュメール人とはこのアガルタ信仰のハム系やセム系のシュメール人で、ハム系はメソポタミアに移ってウルクを拠点とし、セム系はウルを拠点とした。もちろん、ヤペテ系もこれ以外に存在しており後にヒッタイト帝国をたてている。ウルを拠点としたセム系はナーガ族のシュメール人と接近、同化しウル第三王朝を築いている。ホータンの近くにカイラス山があるが、この山は地震で沈下する以前はエベレストよりも高い山であったと言われ、仏典に出てくる須弥山とはこのカイラス山であったとされている。ヒンズー教の聖地でシヴァ神（バールのこと）が住むとされ、その地下にアガルタ（シャンバラ）が存在するとされてきた山である。チベット仏教では、地下の仏リンポンジェを信仰し、カイラス山に向かって五体投地をくり返す。カイラス山は大日如来になぞらえられ、シヴァ神が白鳥になって近くの湖で泳ぐとされるが、わが国の「白鳥伝説」のもとである。日本人として初めてチベットに入った黄檗《ばく》宗の僧の河口慧海《えかい》は「チベット滞在記」の中で、カイラス山近くにあるマナサロワル湖の光景について〝カイラス山の北西には、生ける仏陀と五百人の羅漢が住み、南側のマンリには五百人の不死の神々がいる。……この至福の光景は常人の目には見えない〟と書いている。カイラス山の下に存在するとされるアガルタについては十世紀のロシア正教会の神父セルギウスに始まり、ニコライ・レーニヒ（ロシア）の証言が有名だが、著作としてはブルワー・リットン（英）の「来たるべき民族」、オッセンドウスキー（ロシア）の「獣・人間・神々」、ジェイムズ・ヒルトンの「失われた地平線」などが知られている。リットンの「来たるべき民族」はミュンヘン大学教授のカール・ハウスホッファーを通じてヒトラーに貸し与えられている。ナチスとアガルタとの結びつきについては多くの人が語っている。有名なスウィフトの「ガリバー旅行記」もケルトに伝わるこの地下世界探訪譚を集めて書かれたものである。ケルト人も地底信仰の民族である。高楠《たかくす》順次郎氏の言われるカイラス山の近くのホータン起源のシュメール人とは、カイラス山を通して地底世界アースガルド、アガルタ、シャンバラに連なる民族であり、ノアの息子セム、ハム、ヤペテの血脈で、事実これらの民族は「ヴェーダ」の神々、地底世界の神々を信仰している（ただし、セム系は除く）。ちなみにジプシー（ロマ）も地底世界から追放されたという伝承を有しているが、鹿島曻氏や佐治芳彦氏はインド西部から西に流れたのがジプシーで、東へ移動したのが山の民であり、両者は風俗や習慣が似かよっているとしている。

さてシュメールにおいてはウルクとウルという二つの勢力圏の対立があったが、ウルクはホータンから流入したハム系の民族が、ウルはホータンから流入したセム系の民族とインドのナーガ族（天皇家）が支配した。高楠《たかくす》順次郎氏の著作の中では月氏と秦氏（後述するがこれは同族）がセム系で、他はハム系である。これ以外にもヤペテ系が存在し、このヤペテ系はメディア（イラン）からアーリア人となってヨーロッパに流入し、八世紀末からノルマン人（バイキング）としてヨーロッパを席捲《せっけん》し、今にいたるも王室や貴族として一般のヨーロッパ人の上に君臨している。アーリア人は厳密にはヤペテの三子マダイの血脈だが、イギリスでは一〇六六年のノルマンの征服以来、数パーセントのノルマン人が大半のアングロ・サクソンを支配しており、ノルマン、アングロ・サクソン、ケルトの三層から社会が構成されている。古代ローマ帝国のローマ人もヨーロッパ人ではなく、トロイ戦争の唯一の生き残りのアエネアスを伝説上の祖と仰ぐようにヤペテ系である。アエネアスの母とされる女神アフロディティがアシュトラやイシスと同じ神で地底世界に君臨している。ロシアのロマノフ王朝は東ローマ帝国の後継をもって任じ、〝ローマ・ノーヴァ（新しいローマ）＝ロマノフ〟と名乗ったが、初代ローマ皇帝アウグストゥスの兄弟のプルス公の末裔で、東ローマ帝国が奴隷（スレイブ）としてきたスラブ人（スレイブが語源とする説がある）を支配してきている。ロシア国民の八、九割は農奴として過酷な支配の下にあったのである。プロシアのホーエンツォレルン家も同じローマのプルス公の血脈である。ただ、フランス最初の統一王朝のメロヴィング家や神聖ローマ帝国のハプスブルグ家はセム系と考えられる。ヨーロッパにはこれ以外にもハム系の血脈も流入しており、この血脈はハムの四子カナンの流れで、後のフェニキア人である。聖アウグスティヌスが〝ポエニ人（フェニキア人）は自らの間ではカナニ人、もしくはカナン人と言及した〟と書いているように、カルタゴを植民地としてローマ帝国とポエニ戦争を演じたフェニキア人はハム系カナン人であった。このようにわずか一割前後の地底信仰の民族、ノアの血脈が八、九割のふつうのヨーロッパ人、キリスト教の天の父なる神（スバル）を信仰する人々、民族を有史以来支配してきたのがヨーロッパ史の実体であるが、それと同じ構造を中国や朝鮮、そして何よりも日本に見い出していこうというのが本書のテーマである。天、高天原を信仰する人々はウルに王朝を築き、地底信仰のハム系の民族はウルクを拠点とした。このうちウルクはエンメルカル、ルガルバンダ、ギルガメシュといった英雄叙事詩に登場する王を輩出し、遺跡の規模からいってもシュメール随一の都市国家である。このうち最も有名なギルガメシュはウルク第一王朝五代目の王であったが、ヘルムート・ウーリッヒ氏は次のように述べている。

「ギルガメシュの名はシュルッパク出土の紀元前二十六世紀の王名表に初めて登場する。三分の二が神で三分の一が人間である神人で、バビロンの南にあるキシュの第一王朝第二十二代の王と関係がある。この碑銘の中に登場する紀元前二十八世紀末の王メバラゲシこそ、歴史的に実在したシュメール最古の王なのである。彼および息子のアガはギルガメシュのライバルで、ともに戦ったとされている。……ニップールで発見された叙事詩『ギルガメシュとキシュ王アガ』にギルガメシュがアガを打ち負かしたと記されている。」（『人類最古の文明の源流・シュメ

ール」アリアドネ企画）

また、前田徹氏も、

「都市ウルクの王ルガルキギンネドゥドゥとルガルキサルシは『ウルクの王、ウルの王を名のっており』、初期王朝時ウルを支配下においた時期がある。」（「メソポタミアの王・神・世界観」山川出版社）

としている。実はウル第一王朝初代の王メシャネパッダはキシュ王のメシリムのことで、洪水後最初に誕生した都市キシュがセム系であることから、ウルクとウル、キシュとの対立はハム系とセム系の対立とされてきたが、筆者はウルなどはセム系とシュメール人（ナーガ族）の連合体と考えている。ウルの都市神は月神シンで、セム系の神であるが、実はその背後にジグラット（階段上の一種のピラミッド）が存在し、天神アンが祀られている。この天神アンこそシュメール人（ナーガ族）が持ち込んだ神で、高天原（スバル）の神である。シュメール人はその終わりの頃には五千の神々を祀っていたが、初期にはただ一つの神〝空の神〟がいただけで、これは聖書の〝天の神〟と同じものであった（6）が、この〝天の神〟こそ天神アンであった。

シュメール神話三神のうち、アンは天皇家のスバル信仰、エンリルはハム系のオリオン、シリウス信仰、エンキはセム系の北極星、北斗七星信仰であるが、実はこれが日本神話の天之御中主神《あめのみなかぬし》、神産巣日神《かみむすび》、高御産巣日神《たかみむすび》に対応している。岡田明子・小林登志子氏は次のように述べている。

「最古のシュメールの神々の王はアンであった。アンとは楔形文字で天、神を意味し、他の神々が神であることを示す限定詞をつけるのにアンの場合はつけない。アンはウルク市の守護神で天空神でもあったが、娘のイナンナに取って代わられ、〝暇な神〟となった。S・N・クレーマーは、前三〇〇〇年期初めにはアンがシュメールのパンテオンの主神であったが、ウルクが政治的覇権を失ったためにアンは失脚し、エンリルが主神となったと解釈した。」（『古代メソポタミアの神々』　集英社）

一般にアン神はウルクの都市神とされているが、前田徹氏が〝「神殿讃歌集」にアン神の神殿讃歌はない。アン神はウルクのイナンナ神殿「天にある家」を主神殿としたと思われる〟としているように不明な点が多い。氏が〝「天においてアンとアヌンナンキが生まれたとき」とあるように天は神々の父アンの坐す所であるとともに神々の御座であった。地はエンリルが統べる人間の活動する場なのである〟と述べているようにアンはあくまでも天神であって地底の神ではない。地底信仰のウルクの主神とするのはおかしい。また、イナンナはイシス、アシュトラと同一神だが、アンの子とされているのも疑問点が多い。シュメールの神々の系譜ははっきりせず、意図的に（例えば戦争で勝った場合）系譜が作成されたりしてきている。イナンナは別の文献ではナンナと親子とされている。シュメールの神の系譜は幾通りも存在する。岡田、小林氏の文章ではアン神の性格、立場を理解してもらえばよい。ウルクが地底信仰と先に述べたが、このことはギルガメシュが大洪水を生きのびてティルムン（アガルタのこと）の楽園に住んだ父祖でシュルッパクの王のウトナピシュティムを訪ね、大洪水とそれをいかにして切り抜けたかの話（ノアの洪水の話とほぼ同じ）を聞いたことからもわかる。ウルク王の父は地底世界のティルムンの住人であった。

さて、天神アンがシュメール人（ナーガ族）の神で、高天原信仰の天皇家の神であると先に述べたが、このことについて多大な示唆を与えられたのがアトカーヤ氏の「日本記紀ものがたり」であった。アトカーヤはペンネームで外国の方ではなく日本人と思えるが（この点は不明）、文芸社から自費出版された本である。一読後、大げさに言えばこれまでよく理解できなかった〝天皇家とは何か〟という問題の大半が氷解した思いがした。世の中は広いものだ、在野の研究者ながら〝天皇家とは何か〟についてこれほど明解な解釈をした人に出会ったことがないという思いを抱いた著作であった。鹿島曻氏も〝天之御中主神《あめのみなかぬし》のモデルは、シュメールの宇宙神アン・キである。〟と述べているが、以下アトカーヤ氏の解釈は次のようになる。

「シュメール人は神Anを創生した。そして十字のかなね八弁の米を〝大いなるもの〟、〝神〟Anと呼んだ。……Anは大いなるもの、創造者、宇宙、空、悟りである。……日本の神話では〝天〟と書いてameと発音している。天之御中主神《あめのみなかぬし》や天照大神《あまてらすおおみかみ》その他の神に付いている。mはnの転化、eは付加音でグリムの法則に適合する。天はameでAnの子孫と言っている。……Anは『魏志倭人伝』の倭王オホギミの姓の阿毎《あめ》になり、記紀神話の神の初めに付く天（An-Ame）になった。日本神話の神々は〝Anの子孫〟と名乗っている。

ジグラトを空中神殿と言ったが、Anに啓示を受ける神殿とされ、An以外の神々の神殿は地上に建造された。神殿には寝台が一つ置いてあり、寝台と布団は記紀では真床追衾《おうふすま》と呼ばれた。預言者、司祭または王は霊感の高い巫女と神殿に登り、神聖儀式〝聖婚〟を行い、神託を受けた。……天皇即位式で最も重要な〝真床追衾之儀〟は……シュメールのAn信仰に淵源している。天皇はAnと一体となって初めて天皇になられる。

インドではすでにanはamになっていて阿弥陀はam・idaでidaは陀で、Anである仏である。……ブラフマンはB・rah・m・anでAnを含むバイリンガルである。……ヒンズーではAnを創造神ブラフマン、イシュタルを保持神ヴィシュヌ、エンリルを破壊神シヴァやルドラと言い換えた。……仏教のすばらしいところはAnに相まみえる〝空〟を見る悟りという概念を創り出したことにある。」（以上「日本記紀のものがたり」文芸社）

アトカーヤ氏によるとシュメールの天神アンは創造神であり、天皇家はその子孫であるからアンから派生した天《あめ》（阿毎）氏と称したということになる。天皇家には元来姓はなかったとされているが、九州王朝時代には〝アメ〟または〝アマ〟という姓が存在しており、例えば「旧唐書」に〝倭国は古の倭奴国なり。その王の姓は阿毎氏なり〟とあり、また「宋史・日本伝」にも〝天之御中主神《あめのみなかぬし》から彦なぎさまで二十三世、みな筑紫の日向の宮に都した〟と書き、別天津神五柱、神代七代すべて天氏で天皇家が天氏と称したことが記されている。〝日出ずる処の天子〟で始まる書を隋に送ったことで有名なアメノタリシヒコの阿毎氏でもあるが、これは聖徳太子のことではなく、九州王朝の王のことである。「日本書紀」に太子の事績として載っていないことからもわかる。アトカーヤ氏は天皇家が宇宙の創造神の血脈であることを明らかにし、それが天神アンに連なることから天皇家とシュメール文明とのつながりを示唆している。そして、わが国のスバルの語源がシュメール語のムル・ムル（スバルのこと）にあるとされる（1）ことからスバル信仰を通じても日本とシュメールは関係してくる。天神アンとはスバル信仰の神と考えられる。アトカーヤ氏はアンとは仏教の空を見る悟りと同義だと解しているが、シャカの仏教は特定の神を信仰する宗教ではないが、天皇家と同じスバル信仰の範ちゅうに入ると理解してよいと思われる。従来、シャカはアーリア人のシャカ（サカ）族の王子とされてきたが、アーリア人は地底信仰であり、これでは天と地、陽と陰がひっくり返ってしまう。シャカの父は浄飯王（スッドーダナ）と言い、その弟が白飯や甘露飯で、この民族が米作農耕生活と深い関係があったことが確実視されており、アーリア人ではなくネパール系との見方も強い。鹿島曻氏はシャカはサカ族ではなく、ナーガ族とカルデア人の混血のシャキィ族であるとしている。高楠《たかくす》順次郎氏もシャカはスメル系クル族の裔で、仏教は西からインドに侵攻したアーリア征服民に対するスメル族の精神的反撃であったとしている。クル族はカルデア人のことである。セムの五子アラムの流れにある。東の仏教に対する西のキリスト教もセムの三子アルパクシャデの末裔のユダヤ人キリスト（イエス）が開祖であるが、キリストの唱えた〝天の父なる神〟はキリスト教神学が説くようにヤハウェではなく、「聖書」のエロヒムであり、これは〝天の父（中心）〟という言い方からもわかるようにスバル信仰に連なるものである。ヤハウェは後述するがセム系の神として北極星や北斗七星信仰である。北極星の別名〝ステラ・マリス

（海の星）〟は〝ノートル＝ダム〟、つまり聖母マリアを意味する。（7）キリストはユダヤ人のみが救済されるヤハウェ信仰に満足せず、全人類の救済、全人類への愛を説き、ヤハウェ信仰の狭い民族主義を否定している。つまり、仏教もキリスト教も天皇家～ナーガ族～シュメール人という流れの民族と同じスバル信仰というわけだが、このことについてチャーチワードは次のように述べている。

「釈迦はバラモンの教えを受け入れず、見失われた人類最初の宗教『聖なる霊感の書』（ナーガ族の布教用のナーカル文書）の真髄を探し求め、近づこうと努力した。釈迦の中道とは八正道で、これはムー大陸の宇宙図に示されている天国への八道の教えが生かされている。……

イエス・キリストは新しい宗教を人々に教えようとしたのではない。『聖なる霊感の書』の人類最初の宗教の教義を伝えようと努力しただけなのである。しかし、聖書でその真髄を伝えるのは五パーセントだけで、残りは秘密会議ででっち上げられたものである。」（『ムー帝国の表象』角川春樹事務所）

キリストは成人に達するまでの十数年間の消息が全く不明で、この間インドやチベットに旅して修行し、仏教にも出会っていたとする説もあり、古文献も見い出されている。チャーチワードは仏教もキリスト教もナーガ族の宗教の流れを引いているとしているが、シャカの教えや阿弥陀如来はこの流れにあっても他の仏や菩薩、例えば大日如来、薬師如来、観世音菩薩、不動明王などは地底信仰のものでこの範ちゅうには入らない。アガルタの「ヴェーダ」の神々がまさに〝正系に隠れる〟という哲学を実践したもので、反スバル信仰に属している。日本の神社の神々も大半はハム系のオリオン、シリウス信仰の神々であるが、このことについては後で触れたい。

さて、ヘルムート・ウーリッヒ氏が〝ウル・ナンム、シュルギ、アマルスエナ、シュシンという四人の王の統治が続いたウル第三王朝では昔からの夢であった楽園が実現したかのように思わせたに違いない。物価は再び安定し、度量衡《どりょうこう》は検査局によって常にチェックが行われ、貧乏人は金持ちの勝手な振舞いの犠牲にならず、未亡人や孤児達も政府の手厚い保護を受けた〟と描写したウル第三王朝も前二〇〇四年にエラム人が東方から侵入し、最後の王イビ・シンを捕えて連行し、滅亡することになる。この後のシュメール人の消息についてははっきりとしたことがわからず、長い間〝忽然と消えてしまったシュメール人〟という言い方がなされてきたが、本書では鹿島曻氏の著作を中心としてその跡を追ってみたい。

(七) シュメールから扶余へ、二つのルート

シュメール人は〝黒い頭の人々〟と呼ばれたが、多くの日本語がシュメール語、またはシュメール語とバビロニア語（バビロニアはカルデア人の国）の合成から派生したものとして一単語ずつ音韻変化をたどって説明したのが、歴史言語学者の川崎真治氏である。例えば、〝生む〟は古代シュメール語の〝ウグ〟からグリムの法則のg→mから〝ウム〟に、〝さむらい〟はバビロニア語の〝サーブ（兵士）〟とシュメール語の〝エリム（兵士）〟→サーム・ラーブ（グリムの法則b→m、m→b）→サムラフ→サムラヒへと転訛したと説いている。そして、ウル第一王朝、ウル第二王朝の国王の名に〝アン・ネ・メス・パッダ（天神アンの申し子）〟があり、神武天皇一族は紀元前三〇〇〇年紀にメソポタミアを統治していたウル王朝の子孫であると述べている。言語がシュメールから日本へと移行していれば、人も当然移動したことになるとしている。そして、ウルクが牡牛神ハルと蛇女神キの国照で、ウルが天神アンの天照であったと述べている。ハルはバール、キはアシュトラであろう（エンキのキとは違う）。氏はシュメールから日本への人や言語の移動があったとしながらも、その経路については今後研究しなければわからないとしている。

そのシュメールから日本への民族の移行を天皇家、物部氏、大伴氏（大伴氏については筆者の解釈）に分けて多くの文献を引用して考察したのが鹿島曻氏である。ただし、先に述べたように筆者は氏の見解を骨格から組み換えて解釈していることを了解して頂きたい。とくに、ナーガ族をアッサムや雲南の佤《わ》族で、新羅の朴氏に連なるという見解を日本から出て行かれた天皇家としているのは大きな違いである。歴史観が根本からひっくり返ってしまうほどの意味を持った違いと言ってもよい。氏にはその長年にわたる努力の結晶を全くの素人の身で、勝手に解釈、引用して、使わせて頂いていることをお許し願いたい。

さて、前二〇〇四年にウル第三王朝がエラムによって滅んだ後、ナーガ族の流れのシュメール人はフリ人（フルリ人）としてメソポタミアに散らばったようである。前二〇〇〇年期初め頃にフリ人の台頭がメソポタミア北部からユーフラテス川中流域にかけて目立ってくる。フリ語はセム語やハム語の系統に属さない独自の体系をもった言語だが、そのフリ語の粘土板文書がチグリス川の支流域のヌジ、ユーフラテス川沿いのエマル、シリア方面のアララクやウガリトから出土している。前十五世紀頃からのものだが、ヒッタイト王国の三代ムルシリ一世や五代スッピルリウマ一世がフリ人諸国家を服属させたという記録がある。（1）このフリ人はナーガ族と同じ蛇信仰をもっていたが、後に征服者のアーリア人の信仰を取り入れていくことになる。鹿島昇氏はこのことについて〃ヒッタイトの嵐の神ケルラシュが先住民で農耕部族のフッリ人の竜神イルルヤンカシュを殺したことは、ヒッタイト人がフッリ人を征服したことをあらわすが、フッリ人は蛇（竜）トーテムで、アーリア人は牛トーテムであった〃、〃ウガリットのフッリ人は天候神ダゴンと収穫神バールを崇拝したが、これはフッリ人の神が蛇神から征服者の牛神に変わったのである〟と述べている。ケルラシュはダゴンのことで、バールの父にあたり、オーディンやインドラ（帝釈天）と同一神である。フリ語は日本語と似ているとされているが、竹内裕氏も〝フリ人はシュメール人と同族だったようで、妻のことを妹《いも》と言っていて、古代倭人も妻を呼ぶのに吾妹《わぎも》と言ったので同習俗、同種族とされる理由の一つである〟としている。フリ人は「旧約聖書」でホリ人として登場する。このフリ人はやがて前八八〇年頃に現在のアルメニア地方にウラルトゥ王国を建国するが、ウル第三王朝からウラルトゥにいたるまでにもう一つの王国を建国している。前十八、七世紀から前一三〇〇年頃までユーフラテス川中流域に存在したミタンニ王国である。前川和也氏は次のように述べている。

「近年になってフリ人の研究が活発になっている。研究が遅れたのは、フリ人が築いたミタンニ王国の首都ワシュカニがまだ発見されていないからである。……以前はフリ人をインド・ヨーロッパ系の民族と誤解した。フリ語が膠着語でインド・ヨーロッパ系でもセム系でもないとわかっても、ミタンニ王国の支配者層はインド・ヨーロッパ系とされた。しかし、最近は支配者層も含めてフリ人の国とする説が有力になっている。支配者層がインド・ヨーロッパ系とされた主な根拠の一つはミタンニ王シャティワザとヒッタイト王シャピルリウマ一世がとりかわした誓約文書のなかにヴァルナ、インドラ、ミトラ、ナサトヤというインド・ヨーロッパ系の神々の名があげられていることがあったが、これは付随的に挙げられているにすぎない。……現在ではフリ語はコーカサス語族に属し、ウラルトゥ人の言語と近いことがわかっている。」（「世界の歴史」中央公論社）

氏はエジプトに侵入したヒクソスはフリ人であったとしているが、鹿島曻氏の言うようにヒクソスにはアラビアの海人やセム系も含まれていたようで、アメンヘテプ四世からツタンカーメンにいたるアトン神への宗教改革はオシリス、イシス、ホルスのハム系からセム系への転換だったと考えられる。

さて、ミタンニがヒッタイトによって征服された後、フリ人の一部は北上し、アルメニアのヴァン湖畔にウラルトゥを建国するが、このウル第三王朝～ミタンニ～ウラルトゥの流れが満州の扶余にいたる北回りルートで、いわば〝シルクロードの天皇家〟と言えるものである。もう一つの南回りルートはシュメール～インド～ベトナム～満州というシャキィ族のルートである。安冕《あめ》氏と阿毎《あま》氏の二系である。（8）ウラルトゥは前一三〇〇年頃のアッシリア碑文に初見されるが、ウラルトゥとは〝ヴルトラ（蛇）〟の意で、ナーガ族の七頭の蛇との関わりが見てとれる。ウラルトゥとしばしば戦いを交えたのがアッシリアでシャルマネサル三世や四世が知られているが、彼らはウルアトリ、ナイリと呼んだ。（アッシリアはセムの二子アシュルの流れでセム系とされているが、支配階級はハムの子カナンの子孫（6）「旧約聖書」ではアララト王国となっている。中東の遊牧民族のなかにあって農業を主としており、この点シュメール人と同じである。前九世紀初めにアラメによって建国され、アラメがアッシリアのシャルマネサル三世によって追放された後、次のシャルドウリシュ一世が国力を回復しアッシリア軍を撃退、以後ウラルトゥとアッシリアは何度も交戦するが、この天皇家とカナン人の敵対は数千年の歴史を経て今にいたるも続くことになる。ウルクも川崎真治氏の説のようにバール信仰で、ウルの天神アンに敵対したが、もっと遡ればインドのナーガ族とアーリア人の敵対に端を発す。〝フリ（フルリ）の王〟と自称したシャルドウリシュ一世やメヌアシュ、アルギシュティシュ一世などのすぐれた王を出したウラルトゥも前五八五年にアーリア系のアルメニア人が侵入し、首都ティシェバーナが没落、以後ウラルトゥ人はシルクロードに亡命することになるが、このシルクロードのウラルトゥ人を中国の文献は伯族と称している。なお、ノアの子孫のうちセム系は天皇家に協力し、ハム系、ヤペテ系は一部が敵対したというのが本書の主旨だが、鹿島昇氏が〝「宮下文書」はウガヤ王朝が月読命《つくよみ》（月氏）と同盟していたとするが、このことはアナトリアのウラルトゥとシルクロードの月氏が同盟してアッシリアと戦った歴史を表わしている〟と述べているように、セム系の月氏はウラルトゥの時代にも天皇家と共にあったようである。以下鹿島氏は次のように続ける。

「ウラルトゥ王国は前六世紀初頭のカルミール・プルーフの時代に滅亡してしまったとされるが、『世家』と『史記』を総合すると彼らはナボポラサルのカルデア王朝に従属し、その後アケメネス朝ペルシアの王族を王としたと解せられる。……ウラルトゥはペルシアの支配に服していたが、アレキサンダーによってペルシアが滅びた後、その一部が扶余をたてた。……扶余前期王朝はウラルトゥ王国がスキタイなどの印欧語族に追われてキンメリ人やチュルク人とともにバクトリア（アフガン北部）に逃れ、さらに華北に移動、ここで秦に伐たれたため、満州に入って建国したものである。」（『秦始皇帝とユダヤ人』『北倭記要義』他　新国民社）

氏はウラルトゥ滅亡後、カルデア人（セム系）の新バビロニア王国やペルシア人（アーリア系）のアケメネス朝に属した後、アフガニスタン北部のバクトリアに入ったとしているが、バクトリアはアレキサンダー大王の部将セレウコスのシリア王国の一州であったが、後、大月氏に支配されている。セム系の月氏や秦氏の日本への流れは後で説明したい。鹿島氏はウラルトゥ（ビバイリニと自称）がその後バクトニアから中国の華北に移動、戦国七雄の一つ趙を建国したとして次のように述べる。

「キンメリはウラルトゥとともに中国に入って、それぞれ魏と趙という国家を作った。……ウラルトゥは滅亡の後、キンメリ人とともに山西省に移って大扶余をたてた。ウラルトゥの亡命者は山西省の函谷関の北方に大扶余をつくったが、これは趙が滅びた後につくられた。……『古記』によれば、大扶余は前四九年頃邯鄲《かんたん》の北方に建国して、後一三九年までつづき、この後満州に移って北扶余となった。……『趙世家』の前半はウラルトゥ王を趙王としている。」（「倭と日本建国史」新国民社）

キンメリはスキタイの前に登場した騎馬民族で、ウラルトゥは末期に国民反乱鎮圧のために雇っているが、バクトリア～趙～大扶余～北扶余というのが氏の描くウラルトゥ人（ナーガ族、シュメール人）の経路である。そして、〝北扶余前期王朝は……バクトリアからチベット、シルクロードを支配した月氏とウラルトゥから亡命したウガヤ王家の連合体であった〟として、天皇家と月氏がアルメニア地方から満州にいたるまで結びつきがあったとしているが、この天皇家と月氏の結びつきは次章の藤原氏の項で考察していきたい。月氏はウルの都市神の月神シンに結びつくようにセム系である。

さてもう一方の南回りルートは鹿島曻氏によると、ウル第三王朝二代目のシュルギ王から出て、バビロン王マルビトアへイデンのカルデア人と合体してインドでナーガ族とカルデア人の混血のシャキィ族と呼ばれて、プール国、コーサラ国、クル国などを建国、この時ナーガ族のシスナーガ王朝も生まれている。このシャキィ族の流れがさらにメコン川のタライン国からベトナムの文郎国を経て「史記」に登場する中国南陽の宛《うつ》の徐氏と続き（紀元前九七年の「史記」に登場、孔子の子孫が所長と記されている）、満州に移って穢国《かい》をたてた後、扶余に合流することになる。ここに登場するカルデア人について氏は、アラム人の先祖にあたるセム系のアモリ人の一部族で、前二千年紀の末頃に南部バビロニアに住みつき、後に新バビロニア帝国をたてたとしている。アラムはセムの五子である。このカルデア人の流れは扶余と合流した後、徐氏から穢氏、高氏と姓が変わっていくが、この〝高氏〟は高句麗の〝高氏〟である。高句麗の〝高〟は王家の姓、〝句麗〟は民族名で〝クリ→クル〟族、すなわちカルデア人である。高句麗は扶余の流れの百済と始祖伝説を同じくするが、同じシャキィ族の裔である。高句麗が滅んだ後、遺民が建てた国が渤海だが、鹿島氏によると奈良時代に日本に国使を送って〝日本の天皇家と自分の先祖の扶余とは親戚だから親戚付き合いを復活しよう〟と言って、日本もそうだと言って親戚付き合いを復活したという。高句麗の神話は基本的に扶余、百済と同じだが、扶余が天皇家（ウラルトゥ、ナーガ族）と高氏（カルデア人）の合体した国家であるからそうなるのである。百済は扶余が建国した国である。「魏書・列伝・高句麗」の高句麗神話の概要は次のようである。
朱蒙《しゅもう》（始祖）の母は河伯《かわのかみ》の女《むすめ》で、日に照らされて孕《はら》み一卵を生んだ。夫余王は捨てて犬や豕《ぶた》に与えたが食わなかった。やがて殻を破って男の子が誕生、弓の名人となり恐れられて臣下に殺されかかった。母は東南に逃がした。大きな川にいたったが梁《はし》がなく追手も追ってきた。そこで自分は河伯の外孫だと言って助けを求めると魚が浮いて橋となり渡ることができた。そして途中で出会った三人と紇升骨城《こつしょうこつ》に至り、高句麗と号した。（「魏書・列伝・高句麗」）

扶余の神話もほぼ同じで、朱蒙が東明王に変っているだけである。扶余についての最古の記録は「三国志・魏志東夷伝」だが、次のような内容である。

夫余は二千里四方にわたり、戸数は八万。住民は定住生活を送っている。……かれらは体が大きく、勇敢な性質で、慎み深く情に厚く、侵略や窃盗を行わない。国には君主がいる。官僚の名は六つの家畜にのっとっている。馬加、牛加、猪加《ちょか》、狗加《くか》、大使という位である。……集落には族長がいて、下々のものを奴隷と呼んでいる。……兄が死んだ場合、その兄嫁を弟が娶る習慣は匈奴と同じである。道路を往来するときは、年寄りも若者もみな歌って歩くので、一日中歌声が絶えない。……人が死ぬと……人を殺して殉葬させるのだが、多いときは百人にも及び……毎年、使いを派遣して魏の都へ貢ぎ物をもってきた。……もともと夫余の習慣では、洪水と旱魃に対処できず、穀物が実らなければ、王が責任を問われて、廃位されたり、処刑されたりする。……夫余王の尉仇台《い》は、あらためて遼東の公孫度《こうそんたく》に服属した。（夫余族はもともと玄菟《げんと》郡に属していた）そのころ、高句麗や鮮卑が強かったため、夫余がこれら二つの蛮族のあいだにあることから、度《たく》は一族の女を夫余王に嫁がせた。尉仇台が死に、簡位居《かんいきょ》という王が立った。嫡出の子はなく、庶出の麻余が王に共立された。……麻余は死に、その子で六歳の依慮《いりょ》がついで王となった。……その印文には〝濊王《わい》之印〟とある。この国の本来の都は濊城《わいじょう》と呼ばれている。おそらく、もともとは濊貊《わいばく》の地であったのだが、夫余王は自ら亡命者と称している。『魏略』はいう。さらに古い記録にもある。むかし、北の方に高離国という国があった。王の侍女が鶏卵のような気によって妊娠し、赤ん坊が生まれた。王は殺そうとしたが、南方へむけて脱走し、魚やスッポンの橋で施掩水《しえん》を渡り……こうして東明は夫余の地で王となった。」（「三国志・魏志東夷伝」）

「騎馬民族征服説」で有名な江上波夫氏は、この扶余が南下して馬韓の辰王となり、北九州に上陸（崇神天皇の代）、邪馬台国建国後大和に東遷（応神天皇の代）したとしているが、鹿島昇氏が〝夫余に古より馬あれど乗らず〟という「桓檀古記」の記述をもとに〝一部の学者は扶余を騎馬民族としているが、扶余は騎乗せずで、馬は農耕や運搬のみに用いた〟としているように、シュメール人やウラルトゥ人と同じく扶余は農耕民族であった。また、俗にツングース（エヴェンキ）と称される高氏、穢氏（濊氏）もシュメールから南回りでやってきたセム系のカルデア人であって、シロコゴロフ氏は「北方ツングースの社会構成」で次のように述べている。

「多くの実例においてツングースは南方起源である。開き外套は防寒に十分でなく、胸部の下部と腹部を覆う前垂は、今なお南支那において子供用（時に大人用）として用いられ、脛の上部さえ覆わない短いズボンも膝当てによって補われている。ツングースは黄河ならびに揚子江の中流域と一部下流域に起源する。」（「北方ツングースの社会構成」）

扶余は一般にツングース系とされているが、人民はそうでも王族は別であった。この高氏、穢氏の流れを鹿島氏は陜父《きょうふ》の時に南下して北九州に至り、熊本に多羅国を建国、その子孫がニギハヤヒ命の物部氏であるとしているが、物部氏は出雲であってスサノオや大国主命、または大物主神を信仰しており、スサノオがバールに比定されることからハム系氏族であり、セム系カルデア人とはつながらない。ナーガ族とともに筆者が氏と見解を異にする（と言っても氏の史観の借用だが）点である。では高氏は日本のどの氏族に該当するかと言えば、物部氏とともに古代最初に天皇家の側近となった大伴氏である。大伴とは〝大いなる伴〟の意で、シュメールから長い旅程を伴として仕えてきたがゆえの名である。大伴氏は葛城氏や藤原氏とともに高御産巣日神《たかみむすび》を祖として信仰しているが、この神はシュメールではセム系のエンキ神にあたる。天之御中主神《あめのみなかぬし》がアン神、神産巣日神《かみむすび》がハム系のエンリル神にあたっていた。大伴氏と物部氏は天皇家をはさんでセム系とハム系の陰陽の関係にあり、東日本を大伴氏、西日本を物部氏が支配したが、本来は対立関係にあった。実は後で触れるが、ハムもセムもノアの子としてアースガルド、アガルタ、シャンバラという地底に起源をもつが、北欧神話などを読むとセム系とハム系は住む領域も異なり（シャンバラはセム系の世界）、もともとは対立していたのがセム系がハム系に服属して和解したことになっている。シャンバラとアースガルド（アガルタ）は対立関係にあった。セム系は北極星、北斗七星信仰で、ハム系はオリオン、シリウス信仰で別系統のものが系図で兄弟とされている。セム系は〝文〟の性格が強く、ハム系、ヤペテ系は〝武〟の血脈である。ハム系の中でもカナン人はノアによって呪われ、〝カナンの呪い〟という言葉が残っているが、聖書の中でキリストが〝忌々しきもの、マムシの末裔〟として批難している。このわが国におけるセム系とハム系、高御産巣日神《たかみむすび》系と神産巣日神《かみむすび》系が天皇家を間において対立、抗争してきたのが日本の歴史で、しかもそれは国民の一割前後の氏族の抗争であったとするのが本書である。セム系は大伴氏、葛城氏、蘇我氏、藤原氏、平氏などで、北条氏もこれに入る。ハム系は物部氏、源氏、足利氏、徳川氏などである。この二系列の対立、抗争はわが国ではじまったのではなく、地底世界のシャンバラとアガルタとの対立から起こり、シュメールのウルとウルクの対立、そしてウル系とウルク系が天皇家と並行して移動したインドに遡ることができる。インドにおいては古代叙事詩の「マハーバーラタ」がそれに触れている。これは〝偉大なバーラタ族〟の意で、バーラタ王の子孫でクル族（カルデア人）の王子アルジュナが主人公だが、プール族とバーラタ族がアーリア人と戦い敗れ去るさまが描かれている。ナーガ族とカルデア人のシャキィ族のプール国とクル国（バーラタ族）がアーリア人に敗北した史実が描かれている。もう一つのシャキィ族のコーサラ国もハム系のマガダ国に征服されている。鹿島氏によるとプール国の流れから高句麗、コーサラ国の流れから公孫氏（中国東北の国）が生まれているが、さらにクル国から三国時代の呉が生まれていると解釈できる。〝呉〟は〝クレ↓クル〟である。この三国は後に同盟して魏と対立、抗争するが、〝マガダの「ガ」が魏に転音〟（9）したことを考えると、インドにおけるセム系とハム系の対立が中国の三国史時代の抗争の原点であったと言える。魏については次章の物部氏の項で触れる。天皇家も一部はこのシャキィ族として南回りで満州にやってこられたが、中国の「廣韻《こういん》」に〝中国江南の呉に扶余氏があり、それが百済王となった扶余氏である〃と載っているのはこの南回りのルートのことと考えられる。

〃天皇家の十六弁菊花紋がシュメールの地の建造物にも見い出される〃、〃メソポタミアの遺跡からはハンコ、双六、禊ぎを表わしたシト・シャムシの台座、相撲の褌《ふんどし》を締めた像、雅楽のルーツの楽譜の粘土板が発掘されている〃、〃最初に現われた三神と夫婦七神など日本とシュメール神話はどの国よりも似ている〃などとして、シュメール人が日本人の祖であるという研究を続けているのが岩田明氏である。ただ、氏は高楠《たかくす》順次郎氏の説に基づき中国のホータンがシュメール人の故郷であるとし、日本から出ていったシュメール人という考えはしていない。十六弁菊花紋は後鳥羽天皇から採用されたものとされているが、「竹内文書」は鵜草葺不合朝（ウガヤフキアエズ）一代の時にヒヒイロカネで製造されたと記している。「竹内文書」や「宮下文書」はウガヤフキアエズを記紀のように一代ではなく七十三代存在したとしている。鹿島氏は出所の違う二文書が七十三代で共通していることに注目している。天皇家の正式の紋章は日月紋《じつげつ》で、明治維新の錦の御旗がそれだが、岩田氏の言葉の通りベルリン博物館蔵のイシュタル門やアッカドのナラム・シン王の戦勝碑などに十六弁菊花紋が刻印されている。イシュタル（イシスのこと）門などには数十個散りばめられている。〃黒い頭の人〃と呼ばれたシュメール人は、身長はあまり高くなく、瞳も髪も黒く、一夫一婦制の家族主義の農耕民族というぐらいしかわかっていないが、日本語もシュメール語も助詞でつなぐ膠着語で、母音も五音と四音と似ている。シュメール語はメソポタミアでセム語でもハム語でもない特異な言語である。冒頭に歴史言語学者の川崎真治氏をとりあげたが、氏は思いつくかぎりの多くの日本語をシュメール語とバビロニア語の転音で説明しており、シュメールから日本へ言葉が移動していれば人も当然移動していると主張している。日本語がシュメール語とバビロニア語からなるという説は、鹿島氏のシュメール人とカルデア人の混血としてのシャキイ族に対応している。氏によればシュメール語やバビロニア語をマスターしている研究者がほとんどなく、ゆえに自説への論評が全くといってよいほどないという。シュメールと日本との関わりを言語の領域でとらえていくことは今後重要になると思われる。

（八）扶余から百済、そして伊都国へ

先に天孫降臨は三つのケースがあると言ったが、神武天皇による韓半島から北九州への移動という三つ目のケースがこれにあたる。鹿島曻氏や鳥越憲三郎氏によると、満州にあった天皇家と穢氏（カルデア人）の北扶余前期王朝は、天皇家が抜けて穢氏の北扶余後期王朝となり、天皇家は迦葉原（北沃沮）へ移り東扶余王朝を建国、その王朝に尉仇台、扶台、仇台二世（神

武）が出たということになる。「桓檀古記」は〝東明王が北扶余前期王朝を追放して北扶余後期王朝をたてた〟としている。ここで言う東明王とは穢国の王アグリイサシのことで、扶余建国の祖東明王とは同姓異人である。追放したとなると天皇家と穢氏（大伴氏）の分裂となるが、大伴氏はこの後、氏祖の道臣《みちのおみ》命が神武東征に久米部を率いて同行しているから、ここで決定的な分裂があったとは考えにくい。穢氏に北扶余王朝を預けたということも考えられる。穢氏（高氏）はこの後、前三七年中国東北部に高句麗（高は姓、句麗は民族名）を建国するが、始祖の朱蒙は東扶余国を建国した解夫婁《へぶる》の前に現れた金色の蛙の小児が父で、その妻が日の光に感じて産んだ子であるという神話が残っている。この高句麗の王族の一人が南下して半路国（高霊）に到り、たてたのが大伽耶である。高家の伽耶で高伽耶、〝K音〟が落ちて大伽耶となった。(10) 高霊は〝ウガヤ〟とも発音され、神武天皇の父のウガヤフキアエズの〝ウガヤ〟だが、その地には高天原とはこの地方のこととする碑が建っている。高霊の神話に伽耶山神の正見母主が天神の夷毗訶《いびか》に感じて大伽耶王の伊珍阿鼓《いじんあし》と金官伽耶王の首露王の兄弟を産んだとあるが、二つの伽耶の祖の父夷毗訶は高句麗王八代新大王の子である。(10) ただ、後述するが、金官伽耶は邪馬台国と対立した狗奴《くな》国、奴国の飛び地とするのが筆者の見解である。金官の金氏は狗奴国のあった沖縄の金城姓につながる。狗奴国の分国が熊本にあった。(11)

さて、東扶余に現われた「周書」や「隋書」の仇台《きゅうだい》、すなわち神武天皇は、この後北九州に渡り糸島半島（福岡県西部）に伊都国を建国、韓半島に戻ってきて百済を建国することになる。二世紀末から三世紀にかけてのことである。神武建国が前六六〇年というのは後世の勝手な推測で記紀には辛酉《かのととり》の年としか書かれていない。

神武天皇が韓半島から北九州に渡り伊都国を建国したことは韓国の史書「桓檀古記」に〃日本旧くは伊国に有り。亦伊勢と曰い、倭と同隣す。伊都国は筑紫にありて亦即ち日向国なり。……乃ち盤余彦《いわれひこ》（神武）の古邑なり〃とあり、鹿島曻氏が「周書」や「隋書」に百済建国の祖として出てくる仇台が神武天皇にあたり、その仇台がさらに九州に上陸して伊都国の王イワレヒコになったとしていることは本章の（二）で述べた通りであるが、この伊都国について「魏志倭人伝」は〃東南陸行五百里にして伊都国に到る。官を爾支《にき》と曰ひ……千余戸有り。世々王有るも、皆女王国に統属す〃とし、さらに邪馬台国は一大率を伊都国に置いて諸国の交易の監督をさせていたと書かれている。ここに出てくる伊都国の王と一大率の性格について種々の議論がなされ、女王卑弥呼との関係がいろいろと論じられているが、「旧唐書」に〃其の王姓阿毎氏、一大率を置き諸国を検察し、皆之を畏附す〃とあり、俀（倭）国の多利思北孤《たりしひこ》の名の次に一大率を記している。ここから伊都国王が阿毎《アメ》氏で天皇家であったことがわかり、さらに隋に〃日出づる処の天子……〃の書を送ったのが聖徳太子ではなく、伊都国の九州王朝の王であったことが知れる。書を送ったのはアメノタリシヒコであった。この伊都国のあった糸島半島の平原《ひらばる》王墓からは、日本一の青銅製内行花文八葉鏡《ないこうかもんはちよう》五面、方格規矩四神鏡《ほうかくきくししん》に六種類十四面の同型鏡などが出土しており、寸法が合致することから一部の識者は内行花文八葉鏡を八咫《やた》の鏡と関連づけている。石井好氏は伊都国が阿毎氏の天皇家を王とする国であったとして次のように述べている。

『古事記』が天《アマ》を伊都と記している。伊邪那岐神話によると伽具土《かぐつち》を斬った十拳《とつか》剣を伊都之尾羽張《いとのおはばり》剣といい、亦の名を天之尾羽張《あめのおはばり》剣と記している。伊都と天は同一の地名のように見える。……その剣にふさわしい八十センチを超える鉄製素環頭大刀が平原《ひらばる》遺跡から出土している。

日向の地名が福岡県で一番多く残っているのは前原市（糸島半島）と福岡市西区である。日向川、日向峠、日向花園、日向山、日向橋、日向、日向浦。さらに、高祖山の南の峯をクジフル山（記紀で天孫が降臨した山）という。……高祖山は皇祖を祭るのでそう呼ばれたと伝えられている。

灰塚照明氏によると前原市、弥生の王国伊都の地に天降《あまおり》神社（天孫の降臨）が十二社あり異常に多い。他にも天神社が一三八社、糸島郡に存在する。天降神社の主祭神はすべて邇々岐尊《ニニギノ》である。（三度の天孫降臨の混乱がある）……前原市の三雲遺跡を起点に天津神密度が希薄化する。

日向三代の尊達が北九州の中でも特に糸島郡に異常に多く祭られている。……天神社は伊都国、次いで甘木南部に集中する。……平原遺跡の周辺の天照大神《あまてらすおおみかみ》祭祀密度は〇・四二四柱／km２で、祭祀率八・一一％は日本一の密度であろう。

弥生の天氏の拠点伊都に剣、鏡、玉の重葬の風習があり、続いて古墳時代の天氏の都の大和にも同じく剣、鏡、玉の重葬が引きつがれ、両者の連続性を保証している。……天氏は伊都から甘木市、日向（宮崎）から大和の順に移住した。

古田武彦、灰塚照明氏らの調査によると船越の桜谷神社に苔牟須比売《こけむすひめ》神が鎮座し、福岡県庁の地を千代、また巌ほは岩羅のことで井原《いわら》にあてはめると君が代の歌詞にある言葉はすべて伊都にあるという。……細石《さざれいし》神社もある。

伊都には三雲遺跡（ＢＣ二五年）、井原鑓溝《やりみぞ》遺跡（ＡＤ一〇〇年）、平原遺跡（ＡＤ二〇〇年）の弥生王墓が確認できる。……吉武高木遺跡は最初の三種の神器の埋葬が確認できる。……三雲、井原、鑓溝、平原、吉武高木、須玖岡本、立岩遺跡の六王墓すべてに三種の神器が埋葬されている。」（以上「忘れられた上代の都『伊都国日向の宮』」郁朋社）

さて、いろいろな所でよく引き合いに出される古田武彦氏の〝九州王朝説〟は邪馬台国のことではなく、実はこの伊都国であった。氏は〝九州王朝の年号が三十数個も連続して用いられていた。例えば「続日本紀」に神武天皇の詔勅として「白鳳以来、朱雀以前、年代玄遠にして、尋問明らめ難し」とあるが白鳳や朱雀は年代がはるかに遠いので明らかにできないの意で、奈良朝ではなく、九州王朝の年号である〟としているが、九州王朝の年号は古文章に一〇〇例以上存在し、五二二年に善記で始まり、正和、教到、僧聴、大化などと続いている。「宋書」などに見られる倭の五王の讃、珍、済、興、武は九州王朝の王であったと述べている。確かにこれらの五王を大和の王として解すると親子、兄弟関係に矛盾が生じてくる。また、隋使の裴世清《はいせいせい》が六〇八年に日本に来たが、氏は〝隋使が倭国へ来る行路には都斯麻国（対馬）、一支国（壱岐）、竹斯国（筑紫）、秦王国の四つしかなく、さらに「阿蘇山有り。其の石、故無くして火起り……」とある〟として、裴世清が会ったのは九州王朝の王であったとしている。「隋書」には俀王は男王であったと記されているが、大和は推古女帝の時代であった。「隋書」に〝その国境は東西五月行、南北三月行にして各々海に至る〟とあり、東西と南北の比が五対三としているが、海に囲まれていることからもこれは九州であった。(12) この九州王朝から神武が東征、さらに崇神（十代）、応神（十五代）が大和に進出、開拓して分家としての大和朝廷が成立するのであるが、九州王朝は七世紀末まで存在したと考えられる。天智二（六六三）年の白村江での唐・新羅連合軍への敗北で、九州王朝の皇子筑紫の君薩夜麻《さちやま》が唐に連行されたことで九州王朝は滅び（ただし、細々とは続いた）大和朝廷は九州と百済を失い、倭国が大和を中心とする国内だけになったことを契機に、倭国から日本に国号を改めたと考えられる。この日本という国号は九州王朝で使われていたものであった。日本の国号は天武天皇の時代に成立したというのが通説になっているが、朝鮮の史書「三国史記・新羅本紀」の文武王十年一二月の条に〝倭国改めて日本と号す。自ら言ふ「日出づる処に近し、以て名と為す」と〟とあり、これは六七〇年で天智九年である。新羅使の阿曇連頬垂《あずみのむらじほおたれ》が対外的に最初に使用したとされる。また、天智天皇の制定した「近江令」に〝倭王は今後外国に対して、明神御宇日本天皇と自称する〟とあり、これが日本と天皇の号の最初とする説もある。(13) また、「新唐書」に〝感亨元年《かんこう》〟……倭の名を悪《にく》み、更《あらた》めて日本と号す〟とある。〝感亨元年〟は六七〇年である。その前の〝後《のち》やや〟を唐への使者の三月から新羅使の十二月のことと考えられる。日本の国号の成立については、まだまだ議論の余地があると考えられる。「三国史記」については中国の史書からの引用が多く、年代もあいまいなものがあるという意見があるし、「近江令」についてはその存在さえ疑う人もあるが。

北九州に伊都国を建国した神武天皇は、とって返して半島の南西部に百済を建国している。二一四年のことで百済王統譜の初代王・仇首である。「周書」や「隋書」では仇台となっている。日本と百済の結びつきについては、二〇〇二年のワールドカップサッカーの際、平成天皇が桓武天皇の母の高野新笠《たかののにいがさ》が百済王の女《むすめ》であったと発言され注目されたが、百済は首都が扶余であり、王姓も余《あぐり》（扶余の余）、また余慶王が北魏に上表した文中に〝臣は高句麗とともに、源が夫余に出づ〟とあることからも扶余族の国であることがわかる。鹿島氏は「竹内文書」などに登場するウガヤ王朝七十三代はウラルトゥから百済にいたる王統譜であったとして、具体的に考察している。鹿島氏によると南北朝時代の「神皇正統記」の作者北畠親房の言葉に〝「古、日本と三韓は同種なり」と聞いた〟とあり、古代において日本の天皇家と百済王は同一王であったと氏は考えている。〝「新撰姓氏録」によると「大原眞人、出自諡敏達孫百済王也」とあり、敏達の子孫が百済王であるなら、敏達自身が百済王であることは自明の理である〟と述べている。澤田洋太郎氏も〝「日本書紀」には舒明天皇十三（六四一）年の冬十月、「天皇、百済宮に崩り《かむさ》ましぬ。丙午、宮の北に殯《もがり》す。是を百済大殯といふ」とあり、これは桓武天皇が「哀号」したのと同じく、舒明天皇が百済系であることの厳然たる証拠である〟としている。この舒明天皇について、中丸薫氏は言う。〝舒明は百済の武王で、武王が死んだ年に「書紀」の舒明朝が終わっている。……四十年の統治期間のうち少なくとも一回は倭国に来たらしく、馬子の娘の法提郎媛《ほほてのいらつめ》との間に古人をもうけている。……武王は六四一年の百済の内乱で命を落とし、翌年正月、王妃と王子らが島流しになっている。中大兄はこの時母や妹と島流しになった王子の翹岐《ヒョーギ》である。皇極の前身は武王の妃宝で、「書紀」で皇極の幼名の宝皇女《たからひめのみこ》として暗示されている。……額田王《ぬかたのおおきみ》は中大兄を「ヒョーギ大兄」と呼び、大海人を「マリキ大相」と呼んでいる。ヒョーギとは翹岐のことで、大兄とは百済の皇太子だった。大相とは国王に次ぐ官職で、マリキはアラビア語で王を意味する〟。どうも古代において日本と百済の結びつきは普通考えられている以上のものがあるようで、中大兄皇子（実際に動いたのは九州王朝）があれほどまで百済にこだわって白村江で敗退し、日本の水軍が全滅するという事態を招いたのも、百済王家と天皇家が同祖であったと解釈すれば納得がいく。飛鳥の飛鳥戸神社は百済蓋鹵《こうろ》王の弟の昆伎《こにきし》を飛鳥を開拓した祖上神として祀っている。この地は百済の二四代と二五代王を産み出しているが二人とも昆伎王の息子である。さらに武寧王は日本の臨地に行く途中に生まれた息子で、二四代東城《とうせい》王は彼の弟であり、飛鳥は二人の成長の地であった。（14）武寧王の女が桓武天皇の母の高野新笠《たかののにいがさ》である。このように日本と百済を関係づける資料は多く、いわゆる二代天皇綏靖《すいぜい》から九代天皇開化《かいか》にいたる欠史《けっし》八代（生涯についてほとんど記述がなく、架空の天皇とされてきた）

も、百済王として存在したがために意図的に記述が避けられてきたと解せられる。神武によっていったん大和に王朝がつくられたが、十代崇神が本格的に移るまで百済や伊都（九州王朝）に中心があったということである。鹿島氏は「桓檀古記・大震国本紀」に〝依慮の子の依羅が南下して倭王になった〟とあり、扶余の依羅が鮮卑の慕容廆《ぼようかい》に討たれて南下、亡命して倭王になったが、依羅は百済の近肖古王《きんしょうこ》で、日本の崇神天皇（ミマキイリヒコ）にあたるとしている。そして、神武と仇首、綏靖と沙伴、安寧と比流、懿徳と優福、孝昭と優寿、孝安と古爾、孝霊と責稽、孝元と汾西、開化と契、崇神と近肖古、垂仁と近仇首、景行と辰斯、成務と阿莘、応神と久尓辛として四九代光仁天皇にいたるまで比定している。この比定が正しいかどうかはわからないが、十代崇神が鮮卑に追われて韓半島から日本に亡命したのであれば、それまでの天皇が百済に主として滞在していたと考えることも無理ではないように思われる。この百済は、東の新羅とは対立、抗争をくり返し、最後には新羅に併合されるが、以来千数百年にわたって全羅南道（百済のあった地）の人々は、地域差別を受けてきている。新羅は後述するが、日本の出雲や物部氏につながるハム系の国家である。

（九）邪馬台国と神武東遷について

百年以上にもわたる「魏志・倭人伝」の邪馬台国論争において、今最もゴールに近いと目されているのが大和岩雄《おおわ》氏であり、氏の見解は後述するが、和辻哲郎氏にはじまる邪馬台国東遷論である。北九州に存在した邪馬台国が大和に東遷したということであるが、先に挙げた「桓檀古記」には〝神武は伊都国王であり、日向にあった卑弥呼の安羅国と熊本にあったニギハヤヒの多羅国と合併して邪馬壱国をたてた〟という内容が記されており、邪馬台国が天皇家と物部氏の連合国家であったとされている。安羅国や多羅国は、伽耶諸国の中に安羅や多羅の地名が見えることから韓半島に分国を有していたが、安羅は物部氏の中でも賀茂氏や忌部氏につらなる祭司氏族で、最後まで天皇家に協力することを拒んだ外物部である。ちなみに大国主神はこの安羅出身と考えられ、「筆粋礼容」に〝垂仁天皇の時、大己貴命（大国主命）が夢枕に現れて、元旦に紅白の餅をもって安羅の神を祭ると国中の禍が一掃されようと告げられたので、そうするとその通りになった。それ以来、正月に餅を食べる習慣が定着した〟とある。(15) この祭司物部の安羅はハムの四子カナンの流れである。一方、多羅は神武東遷の際、ニギハヤヒ命が大和で神武天皇に恭順して以来天皇家に側近として仕えてきた武家の内物部でハムの長子クシュの血流である。ニギハヤヒと共に大和にいた長髄彦や安日彦は安羅系である。最初は伊都国、安羅国、多羅国の三国が協立していたが、やがて二世紀末の倭国の大乱となり、女王卑弥呼を共立してようやく乱がおさまることになる。とすれば、「魏志・倭人伝」の〝其の国、本亦男子を以て王と為す。住《とどま》ること、七、八十年。倭国乱れて相攻伐すること歴年……〟の男性の王のうち大乱の直前の倭国の王が、伊都国の神武であった可能性も出てくる。鹿島氏はその見解をとっている。倭国の大乱で倭王が天皇家から物部氏に移り、物部氏は邪馬台国を通じて倭国に君臨したが、狗奴国の反乱などに手を焼いて卑弥呼の死後、台与《とよ》の時に大和に東遷、それを追いかけて倭国の王位を奪い返すべき神武天皇がいったん南の日向（宮崎）に下った後、大伴氏や久米部を率いて大和へ東遷していったという構図が考えられる。邪馬台国の北九州から大和への東遷を最初に唱えたのは和辻哲郎氏で大正九年のことであったが、以後何人かがこの説を受け継いでいる。安本美典氏は鏡味完二氏（地理学者）の指摘に注目し、甘木付近と奈良県大和郷には類似の地名が数多く存在し、しかも並び方もそっくりであることを示している。さらに「魏志：倭人伝」に登場する弥生絹は北部九州から出土しているが、畿内では古墳時代に入ってからで、弥生時代の北部九州と古墳時代の畿内が連続しているとしている。澤田洋太郎氏も〝筑前の甘木にも三輪山があり、その周囲には朝倉、香山《かぐ》、笠置山、三笠山など大和と同じ名が見られ、配列順も完全に一致している〟、〝尾張氏、海部氏《あまべ》（二つとも物部氏の支族）の共通の祖先の原郷は豊後地方である。豊後と丹後（海部氏）の間には一致する地名が極めて多い。大野、三重、八坂、海（皆）原、蛭子《えびす》、竹野など。豊後の日出町《ひじ》には真那井という字があり、丹後にも比治の真名井がある〟、〝豊後の南部には海部郡があり、……豊後と丹後では二階が宿で一階が船着場の建物がある〟、〝尾張氏と海部氏の系図の共通部分の第九代目に日女命《ヒメノミコト》とあり、卑弥呼のことと思われる。日女命には弟彦命《おとひこ》もいるし、その二代後にはもう一人の日女命（小止与姫《オトヨ》）がいる〟と述べ、邪馬台国は甘木から宇佐に移り、その後東遷したとしている。

このような邪馬台国東遷説の流れを受けて、今最もゴールに近いと目されているのが大和岩雄氏である。氏の「新邪馬台国論」は二〇〇〇年に出版されたが、邪馬台国は卑弥呼の女王国と台与の邪馬台国の二つが存在したとし、前者は北九州、後者は大和で、「魏志：倭人伝」の作者の陳寿はこの二国が区別できず、同一の国と勘違いして記述したとしている。以下「新邪馬台国論」には次のように記されている。

「『魏志：倭人伝』には、女王国は五例あるが、邪馬台国はたったの一例しかない。よく言われる〝邪馬台国の女王〟という記述は全くない。……『魏志』の撰録にあたって陳寿が参考にした『魏略』には、女王の都としての邪馬台国の記述はなく、女王の都は帯方郡から一万二千余里で至る女王国だけであった。ところが『魏志』は女王国以外に女王の都として新しく邪馬台国に至る里数、日数記事を加えた。そのため……さまざまな解釈、誤解、混乱がみられるのである。

卑弥呼の都が筑紫女王国で、台与の即位後遷都し都を大和に置いた。それが畿内邪馬台国とみれば、なぜ日数記事の邪馬台国に至る記事が載るかの説明は容易である。また日数記事の邪馬台国を陳寿が女王国＝邪馬台国とみたのも、邪馬台国も女王の都だったことによると考えられる。私は日数記事の女王の都の邪馬台国に至る伝聞史料は、泰始二（二六六）年の倭使が語った邪馬台国に至る史料が晋朝にあり、その史料を晋朝の著作郎（主席史料編纂官）であった陳寿がみて、女王国に至る原史料に付加挿入したと推測する。したがって里数記事に日数記事がまじった奇妙な記事になったと考えるのである。……台与の邪馬台国（大和）に至る伝聞史料（二六六年の台与派遣の倭使が語った記録）をみた陳寿が、女王国＝邪馬台国とみて原資料に付加したため、文献史料では九州説と大和説が生じ、不毛な論争をくりかえすことになったのである。

二六六年の倭使も、女王の都の邪馬台国に至る道程を語るとき、方位はたぶん〝東〟と言ったであろう。その〝東〟を陳寿が〝南〟に改めたのである。理由の第一は「魏略」などの原史料に伊都国の南に女王国があるとあったこと。第二は〝当に會稽東冶《かいけいとうや》の東に在るべし〟から南北に長い列島を倭地とみていたこと。第三に〝会稽の東にあり、儋耳《たんじ》と相近し〟とやはり南北に長い倭地観を載せている。十五世紀の朝鮮人も『混一疆理歴代国都之図《こんいつきょうりれきだいこくとのず》』のように東西に長い日本を南北に変えているから、三世紀の陳寿が東を南に変える可能性が強いこと。

纒向《まきむく》遺跡は三世紀初めに突如出現した。卑弥呼を倭国王に共立した時期にほぼ合う。やがて纒向の造営が進んで都を北部九州から移す準備が整った。もし、遷都を想定しないで、纒向を卑弥呼と台与の王都とすると、突如王都が台与の時代に三倍近く拡大した理由がわからない。十三歳の少女に卑弥呼をしのぐ政治力があったとは考えられない。庄内式から布留式の土器様式の変化も女王が変わっただけでおきるはずがない。魏は二六五年までつづくのに十五年前で『魏志：倭人伝』はぷっつり切れてしまったのは遷都の結果であろう。（一部改変省略）」（以上「新邪馬台国論」大和書房）

大和氏はこの台与の邪馬台国が初代天皇としての崇神王朝に連なっていくとしているが、この点は筆者とは見解を異にする。しかし、あまたの邪馬台国論の中で最も説得性があるように思われる。ただ筆者は東遷した邪馬台国はニギハヤヒや長髄彦の君臨した物部氏のハム系王国で、それを神武天皇とセム系の大伴氏が討ち倭国の王の立場を奪い返したと考えている。なお、次章で触れるが卑弥呼と敵対した狗奴国は葛城氏の王国で、最初は沖縄に拠を構え、熊本に分国を有していたが、邪馬台国が東遷するとそれを追うようにして東へ移動し、現在の岡山県を中心に吉備国を建国、神武天皇を背後から支えながら、邪馬台国と対抗していったと考えている。葛城氏は大伴氏と同じくセム系である。

さて、ここまでの叙述で、問題点の一つとしてあがってくるのが神武天皇の年齢である。「周書」や「隋書」に登場する仇台が神武にあたり、それが百済王統譜の仇首であることは前述したが、百済王統譜では仇首である神武の在位は二一四年から二三四年となっており、神武は、二三四年に死したとされている。ところが卑弥呼の死を経て、宗女の台与が国を東遷させるのが三世紀半ばであり、さらにニギハヤヒや長髄彦に受け継がれた邪馬台国を東征によって征したとなると三世紀後半の出来事になり、百済王統譜の年代とはあわないことになってしまう。しかし、そもそも考えてみれば伊都国の建国、百済の建国、そして大和の建国を一人の天皇が随時果たしていったと考えること自体に無理がある。しかも、「古事記」によれば神武天皇東征には一六年（「日本書紀」は六年）を要したとされている。この点に関して一つのヒントを与えてくれるのが、宇佐神宮の宮司であった宇佐公康氏で、氏によると宇佐家の伝承では神武は七代あって一代ではないという。そのうち一代はウサツヒメノミコトとの間に御諸別命《みもろわけ》をもうけたが、東遷の途中相次いで安芸国で亡くなり、二人とも伊都岐島《いつきのしま》（巌島）の山上の弥山頂上に葬られたという。巌島の山上には高貴な方が葬られたという言い伝えが今でも残っている。先にウガヤフキアエズを「竹内文書」や「宮下文書」が七十三代としていることを書いたが、「竹内文書」によると天神七代、上古二十五代を含めて歴代天皇は一代について同名で数人を数えており、一代一天皇の例は存在しないのである。例えば上古二十二代の天疎日向津比売《あまさかりひにむかいつひめ》天皇は一世から十一世までが系譜として載っている。これが古代天皇の一般の系譜で、一代一世は神武の次の綏靖天皇からと考えられる。ゆえに北九州への天孫降臨から百済建国を経て、大和朝廷の設立にいたる肇国《ちょうこく》事業は七世の神武天皇によって成しとげられたと考えられる。とすれば邪馬台国東遷の後に神武東遷が行われたのであるから、神武天皇橿原《かしわら》即位の辛酉《かのととり》の春正月とは三〇二年ということになる。その前の辛酉の年の二四一年では計算が合わなくなってくるのである。安本美典氏が実年代のはっきりしている七世紀以降の天皇の在位期間を調べて平均十年と算出し、六世紀後半の用明天皇から逆算していくと神武即位は二七〇～三〇〇年頃になるとの説を唱えているが、三〇二年はだいたいこの算出に合っている。卑弥呼の死が二四七年頃とされているからどうしても神武即位は計算上四世紀に入ってからとなってしまう。

さて、二つ目の問題点は正式な史書とされている記紀に神武以前の天皇の記載などないということである。そして、記紀に十代崇神天皇が〝所知初国天皇《はつくにしらしし》〟、〝御肇国天皇《はつくにしらす》〟などとあることから崇神天皇が初代であり、それ以前の九代は架空の天皇であるといった意見が多くの人によって唱えられている。しかし、正式な史書がどうしてこのようなウソを、しかも国の始まりにもってこなければならなかったのか説明がつかず、さらには各地の神社伝承などに崇神以前の天皇の記載が見られることなどから、この意見には同意できない。先に述べたように神武によって端緒が開かれた大和を、崇神や応神が本格的に開拓したのが二人の〝御肇国天皇（始馭天下之天皇）〟の表現なのである。崇神の場合は〝国の初めを治めた〟という意味で、初代天皇を意味しない。崇神以前は百済や九州に中心があったと考えられる。記紀に神武以前の天皇の存在の記述がないことについてはその成立過程から考えて行かねばならない。「古事記」については大和岩雄氏の言うように、〝ふることぶみ〟と読み、固有名詞ではなく普通名詞であり、多氏に私的に伝わる書と考えられる。それを同時代の「新撰姓氏録」の氏族の系譜に異議を唱えて勅撰集に仕立てたのである。そしてこの多氏（太氏）は大和の多神社の神官の出であり、物部氏である。祭祀の物部氏であるから、賀茂氏や忌部氏と同じハム系でカナンの血流と考えられる。崇神天皇の時代に疫病が流行し、三輪山の神の祟りと考えられ、その神のお告げによって三輪山の神を祭祀し、疫病を収束させた大田田根子《おおたたねこ》は同族である。ハム系の物部氏のうち最後まで天皇家に恭順することを拒んだこのカナン人の祭祀氏族は、バールやアシュトラ、ミトラといった地底信仰で、バールはスサノオ、アシュトラはイザナミ、ミトラはニギハヤヒに比定される。三輪山の神はこのニギハヤヒ（ミトラ）である。ちなみに、三輪山の大神神社の初代宮司の大田田根子の後裔にムサ（身狭）という蒙古名の人物がおり、その二男ヒギ（比義）

は欽明天皇の御代に豊前国宇佐郡菱形山に八幡大神を祀り、宮司の祖となっている。（11）八幡大神は日本の神ではなく、バールの子でその生まれ変わりとされるミトラ神である。このようなことから言えることは、太安万侶は天皇家のスバルの高天原信仰に敵対する地底信仰の氏族であり、「古事記」は勅撰集として手直しされながらも、もともと反天皇家の色彩を帯びた書であったということである。太田亮《おおたあきら》氏によると卑弥呼はこのオオ氏を出自としている。「日本書紀」にはほとんど登場していない大国主命の記述に多くのページがさかれたり、逆に「日本書紀」では多大なページにわたって称賛されている聖徳太子が「古事記」ではその事績を記述していないのはこのことによる。聖徳太子には蘇我氏の血が流れているが、蘇我氏も葛城氏の同族でセム系である。「古事記」が神武天皇以前を神代としたのは、何人かの識者が指摘していることだが、神武以前の天皇の存在を封印することを目的に設定したことである。神武以前を神代とすれば、周囲を納得させられたということである。さすがに神武以前を神代とする「古事記」の記述を信ずる人は現代ではいないと思うが、「古事記」の成立した八世紀初頭当時においてはひとつの巧妙な方法であった。そもそも、イザナギとイザナミの左廻り、右廻りの話にしろ、出た所と引っ込んだ所を絡み合わせる交合の話にしても中国神話の伏羲《ふっき》と女媧《じょか》に見られる。また、イザナギの黄泉の国訪問譚はギリシア神話のオルペウスの話がモデルで、途中で約束を破って振り返って見たため永久に妻を失ったエピソードなど同一のものである。なお、イザナミのいた黄泉の国は地底世界で、アガルタ（シャンバラ）である。さらに、天照大神《あまてらすおおみかみ》の天の岩戸隠れ神話はギリシア神話のデメテル神の話と構成が共通している。愛娘をさらわれた豊饒の女神デメテルは怒って姿を隠し、そのために大地は実りを止めてしまう。ゼウスが命じて娘をデメテルに返したため、女神は怒りを解いて豊饒が戻ってくる。(16) これ以外にも、大国主命と因幡の白ウサギの話など世界中に広く分布しているし、大国主命のエピソードだけで〝多くの兄弟に憎まれる末っ子〟が「創世記37—3〜8」に対応しているごとく、全部で一三ヶ所「旧約聖書」からの剽窃《ひょうせつ》が考えられるという。(17) つまり、太安万侶は中国神話やギリシア神話、聖書の内容をある程度知っており、それを下地にしてあのような神話を創作したと思われる。出雲系の神話に多くページがさかれているのも納得できる。そのような実在性が乏しく、非現実的な神話を創作して天皇家の系譜につなげていったのが「古事記」であった。太古の天皇家の実態は以後千数百年にわたって封印され続けることになる。なお、多氏の始祖を神武の子の神八井耳命《かんやいみみのみこと》とする説もあるが、命は妻を娶らなかったから信用できないともされる。(18) このように歴史の封印を行った太安万侶も、後には天皇家に対する見方を改め、「日本書紀」の撰録に加わって真の歴史を伝うべく努力したとの説もある。安万侶の子孫で、「弘仁私記」をまとめて「日本書紀」を講述した多人長《おおのひとなが》がそのことにふれており、考えられないことではない。

一方、記紀の編纂を命じたのは天武天皇であるが、よく知られているように歴代天皇の中で唯一武力（クーデター）によって政権を樹立した天皇である。壬申の乱である。そのような経緯もあってか、天皇家の菩提寺の泉涌寺《せんにゅうじ》には天武系の天皇は菩提されていない。天智と天武は異父兄弟で、しかも天武の方が年上であったがためにそのことにはばかって中大兄皇子（天智）は斉明亡き後も長い間即位できなかったとするのが大和岩雄氏であるが、この壬申の乱には実は背後に百済と新羅の勢力が存在したというのが通説になっている。天武を背後で支えた新羅は、朴・昔・金の三王姓のうちハム系の昔氏が主体となって成立した王朝であり、天武を通して反天皇的な影響力をわが国に行使しようとしたようである。天武は最初そのことに気づいていなかったが、記紀の編纂もこのような流れの中でおこった出来事であった。多氏の私的な史書である「古事記《ふることぶみ》」が勅撰の文書になったのはそのためである。さらに、「日本書紀」の編者においても神武以前についてはあえて触れないというのが暗黙の了解だったようである。「日本書紀」の編纂に大きな影響力を行使したのは藤原不比等《ふひと》だが、そもそも藤原氏自体が大陸からの渡来氏族で、馬韓の一国の月支国が百済の馬韓統一に協力した後百済と融合、天皇家の下で高級官僚として活躍してきたという経緯があり、藤原氏はこのような出自を隠そうとしたから、神武以前の扶余や百済について言及することをはばかったのである。

（十）天皇家とは何か

筆者にとってもこの〝天皇家とは何か〟というテーマは長い間解決できない問題として存在してきた。若い頃には天皇家は何よりも元首としての政治的な存在であると勘違いしていて、民主主義的な立場から批判する人の意見にも一理あると思った時期もある。ただ、先の戦争をひとえに天皇の責任とする意見にはとても賛同できなかった。国民の大多数の人々が天皇家に敬愛の念を示し、国民統合の象徴として支持していることは各種の世論調査に見えるが、筆者も漠然とながらもそのうちの一人であった。後に日本の文化や歴史に興味をもち、仕事の合間に自分なりに研究していくようになってから次第に天皇家に対する理解も進み、まず天皇家が政治的な存在だと思ってきたことの間違いに気付かされた。天皇家は政治的な存在ではなく、宗教的、文化的な存在なのである。ヨーロッパの王家のように武力によって国家を統一し、政治的に君臨してきた存在ではないのである。神武東征によって物部氏の邪馬台国を征服し国家が樹立されたのが日本の起源とする通説は誤りで、天皇家はそれ以前から存在しており、天皇を中心とする国、世界もそれ以前に長い歴史を有することは本書の述べてきたところである。天皇家が政治的な存在でなければ、その存在が民主主義に反するという主張も成り立たない。天皇家の最も主たるつとめは、元首としての外国訪問や、政府や国会の国事の承認ではなく、祭祀である。皇居の森の奥深く宮中三殿があり、中央に天照大神《あまてらすおおみかみ》を祀る賢所、左に天皇や皇族の霊を祀る皇霊殿、右に国中の八百万の神を祀る神殿があり、主要な祭儀だけで年二十回以上、このほか毎月一、十一、二十一日の旬祭がある。毎日午前八時半にはモーニング姿の侍従が代拝しているという。天皇自身は主要な祭儀のほか、毎月一日の旬祭には三殿に礼拝される。そして最も重要な祭祀は、十一月二十三日夕から翌午前一時頃まで行われる新嘗祭《にいなめさい》で、新穀を天照大神《あまてらすおおみかみ》などに供え、自らも口にされる。この時かがり火がたかれ、神楽歌が演奏されるという。このような祭祀行為が天皇という存在の本質であって、我々が歴史で学んできたような時として血なまぐさい政争、抗争はあくまでも付随的な側面にすぎない。天皇家を歴史で政治的に偏して扱ってきたことが誤まりであり、そもそも天皇家は政治を超越した存在であり、ゆえに民主主義も超越している。先に天皇家は宗教的な存在であるとともに文化的な存在であると述べたが、天皇家の文化的な意味はこの日本という国や世界のあり方、さらには宇宙的な世界の構造、すがたと関わりをもってくる。このことについては筆者の「この国のすがた—五行文化論より」(日本文学館)を読んで頂くしかないが、その中で人間の身体が小宇宙として大宇宙と同じあり方で陰陽五行から成り立っており、世の中の人々の気性や性格も陰陽五行のどれかの流れの中にあって、同じ構造が世界の文化の違いとして現われており、陰陽五行に比定できるとして論じておいた。陰陽五行とは〈火〉、〈木〉、〈土〉、〈金〉、〈水〉で、〈火〉は感覚、〈木〉

は知性、理性、〈金〉は情、〈水〉は感性（直感）、そして〈土〉は〈木〉性と〈金〉性から成り、人間の身体のうち心が〈水〉、頭が〈木〉、腹が〈金〉に相当し、世の人々の気性や性格は〈木〉―〈水〉とか〈土〉―〈木〉というように〈　〉の主と（　）の従の二つから成ることを具体例をあげて説明しておいた。この比定を文化にみると日本は〈水〉―（火）で、ルース・ベネディクトの「菊と刀」の〝菊〟が〈水〉、〝刀〟が（火）に相当する。アジアは〈金〉だが、タイのみ〈水〉―（金）となり、中国が〈金〉―（土）、インドが〈金〉―（水）、ベトナムが〈金〉―（木）、韓国が〈金〉―（火）となる。中東イスラム社会は〈火〉で最も男性原理が究まった文化で、逆に日本の〈水〉は最も女性文化が究まった文化となる。ヨーロッパは〈木〉の理性、知性の文化で、フランスが〈木〉―（水）、ドイツが〈木〉―（火）、イギリスが〈木〉―（土）、イタリアが〈木〉―（金）となる。ロシアはドイツの主と従がひっくり返った〈火〉―（木）である。アメリカ大陸は陰陽五行の中心にあってバランスのとれた〈土〉で、システム重視の現実主義であり、アメリカ合衆国はイギリスの主と従の逆転した〈土〉―（木）となる。そしてこの東から〈水〉→〈金〉→〈火〉→〈木〉→〈土〉と並んでいるのは、惑星の太陽からの水星→金星→火星→木星→土星という配列順と合致し、天体にも陰陽五行が配されていると論じておいた。角田忠信氏の「日本人の脳」に書かれているように、世界の民族の中では日本人とポリネシア人のみが左脳（言語、論理）ではなく右脳（直観、感性）優位で、それは「源氏物語」の〝もののあはれ〟や「新古今和歌集」の〝幽玄〟といった日本の文学の世界で実証されており、現代では川端康成の文学がその伝統を最もよく受け継いでいると述べておいた。グレゴリー・クラーク氏の言われる日本人の異質さとは、この〝感性文化〟であった。そして、頭や手足が五感で認識できるのに対し、心（感性）の世界は目でも見えず、感覚でとらえることができない。さらに、情でもとらえられず、理性でも認識できない。この感覚（〈火〉）、情（〈金〉）、理性（〈木〉）、の三つの原理、すなわち三界の迷いの原理のいずれでもってもとらえられないから心（感性、〈水〉）の世界は〝無〟であり〝空〟であるが、実は三界の迷いの世界を超えた真理、実在の世界でそこに無限のすべてがあり、そこに達すると種々な現象が起こることを体験を通して示しておいた。そして、一個人が感覚から情、理性を経て悟り（感性）に達する成長を示し、〈火〉→〈金〉→〈木〉→〈土〉→〈水〉の構成を示すのと同じく、人類の歴史も中東のシュメールに始まり（一般の歴史概念として）、アジアの大帝国、ジンギスカンのモンゴル帝国を経て、ヨーロッパの科学とアメリカの技術が世界を席捲《せっけん》するという順に興亡して、〈火〉→〈金〉→〈木〉→〈土〉と展開してきており、一九七〇年代より〈水〉の日本文化が初めて出現しようとしている、〝新人類〟と言われる感性世代の若者の登場などにその徴候が見てとれると論じておいた。詳しくはこの書を読んで頂くしかないが、天皇家の文化的な存在意義とは日本や世界の文化、人体や宇宙の構造を貫いている陰陽五行との関わりの中で論じられなければならない。ヘルメス・トリスメギストスの〝上なる如く下にも〟の言葉の通り、大宇宙と小宇宙としての人体、さらには世界の文化などの間には一貫した同一の原理、法則が働いており、陰陽五行にまとめることができるが、これは自然のあるがままの原理で、その原理にのっとって身体を作用させ、国のあり方、かたちを構築し、世界全体を有機的に統一、運営していくことが大切で、それが道なのである。〝一輪の花は雌蕊、雄蕊、花弁、萼《がく》により成り立っているが、皆同じ目的に向かって働いている。別々の目的は持っていない。つまり、中心の雌蕊を全部のものが守って、その雌蕊の中に秘められている永遠の生命を受け継ぎ、発展させるところに目的がある。だから一つにまとまっている。これは全人類的にも同じことが言えるのである〟、〝人間の身体の組織立てを拡大すると、それは宇宙の姿になる。宇宙全体が一つの大きな秩序のもとに運行を続けているのだから、地球を宇宙の運行から切り離して考えるわけにはいかない。国家の仕組みも世界の組織も同様で、すべてこの小さな人間の五体の中に、その雛型が備わっている〟とかつて教えられたことがあるが、人間の身体の作用の在り方と同一の原理が国家の運営の在り方を示しており、さらに全世界のあり方にもこれは通じていく。あまりにも日常化しているため、我々はほとんど不思議に気付かないが、一個人の行動は直観（感性）↓理性、知性による組み立て↓情のエネルギー↓肉体を通しての現実化という形態をとる。〈水〉↓〈木〉↓〈金〉↓〈土〉・〈火〉の順で、これは六次元から五次元→四次元→三次元の流れでもある（〈土〉は四次元と五次元の合体）。例えば、家にいてどこかへ出かけようとする場合、最初に行こうとする場所を直観として意識に思い浮かべ、次にそこに行くにはどのような道順で、何に乗ったらよいか、何が必要かといったことを知性で組み立てる。そして、その場所が楽しい所であれば喜びのエネルギーが湧いて元気が出るが、イヤな所であれば怒りのエネルギーに身をゆだねて手足や身体を動かすことになる。つまり、肉体の行動によって現実化するのである。このような形態を我々は何ら不思議に思わずくり返しているが、実はこの形態こそ陰陽五行の現われであり、宇宙を貫く原理である。おそらく宇宙全体にしろ、他の星系にしろ同一の原理が見られるはずであり、これがとりも直さず日本という国のあり方、すがたであり、全世界のあり方、すがたでもある。日本の国において最初の直観（感性）、〈水〉の役割を担うのが天皇家であり、次の知性、理性による構築の役割を担うのが政府や国会、官僚で、さらに情的エネルギーで推進していくのが国民である。つまり、天皇家は一輪の花における雌蕊にあたり、この観点に立つと天皇家は宇宙の構造の一端を担う存在と言える。一輪の花に雌蕊がなければ枯れて死滅してしまうように、人間の身体に感性を担う心がなければ廃人と化してしまうように全体が存在するためには必要欠くべからざる宇宙の形態、構造の一つなのである。もちろん、その形態や構造の中心に位置するが。天皇家の祭祀の役割の意味もここにある。その感性は太陽系の公転の中心としてのスバル（アルシオネ）、銀河の中心としてのブラックサン、大宇宙の中心としてのセントラルサンとつながっていく。日本の国で、この感性の役割を担える存在は他にはない。そして、この日本の国の形態、構造ほそのまま全世界の構造、形態に拡大され、全世界で唯一の右脳優位の感性文化の国の日本が〈水〉の直観の役割を担い、〈木〉の知性、理性はヨーロッパが、〈金〉の情のエネルギーはアジアが、そして現実化の過程における〈土〉や〈火〉の役割をアメリカと中東イスラム社会が担うという形態が生じてくる。これは何も人智や人為によって構築されたものではなく、あくまでも自然のあり方、すがたそのものに帰一するということであり、人間の解釈や議論以前のすがたである。天皇家は人間の知性や理性による議論を超えた存在である。この自然のあるがままの原理に帰一するしか我々の生きる道はないのである。政治的に保守とか革新とか、右とか左とかの問題ではないのである。わが国は陰陽五行の〈水〉――〈火〉の文化に飛鳥時代から江戸時代にいたるまで中国の文明〈金〉を取り入れ、明治以降はヨーロッパ文明〈木〉を吸収し、戦後はアメリカ文明〈土〉を摂取してきた。すなわち世界で唯一陰陽五行のすべてがそろった国であり、陰陽五行すべてから構成される宇宙の実相をそのまま体現した国づくりが可能な唯一の国家である。そして今〈水〉の出現によって陰陽五行すべてが現われようとしており、その〈水〉の役割を国家の中で体現される天皇家という存在を、我々は改めて認識し直す必要があると思われる。

（注）大伴氏についてはセム系のアモリ人～カルデア人としたが、アッカド人の流れの可能性もある。ウル第三王朝でアッカド人はシュメール人（ナーガ族）と一体化し、都市生活を謳歌、周辺のアモリ人を軽蔑していた。アッカド人もセム系。

第二章　物部氏と葛城氏について

(一) シュメールから　越へ、そして魏へ

物部氏の史書「先代旧事本紀《せんだいくじほんぎ》」には、物部氏は中国の春秋戦国時代の混乱を避けて南支那海から大船団で渡来したと記されており、物部氏が大陸からの渡来氏族であることが伺える。「史記：越絶書《えつぜつしょ》」にＢＣ四七三年、四万九千人の越軍が呉の本拠地の姑蘇《こそ》を攻撃した後、杭州南部から山東半島南部に行きそのまま行方不明になっている。四〇〇～五〇〇隻の大船団と考えられるが、この越人がわが国の北九州に渡来して倭人と称され、後に満州や朝鮮半島を経由して渡来した同族のハム系氏族、つまり多羅国や安羅国と合流して邪馬台国を築いていったようである。このうち第一陣の越人は夏や殷の末裔で「史記：越王句践世家」に〝越王句践、その先

は禹《う》の苗裔にして、夏后帝少康の庶子なり。会稽《かいけい》に封じ、以って禹の祀《まつり》を奉守す。文身、断髪し、草莱を披《ひら》きて邑とす〟とあり、越の祖先は中原から遠ざけられて会稽に封じられ、禹王の祭祀の役を務めたとされている。夏王朝は一四世で同時代の殷の先王も帝嚳《こく》から示癸まで一四世でそのうち七名は名が類似しており、もともと同族だったが、系図が二分された（19）ようで、もともとはシュメールのウルクを拠点とするハム系のクシュ族であったと思われる。川崎真治氏が〝紀元前二〇〇〇年紀の殷の青銅器の銘文にシュメール語の「司祭書記」（エン・シ・ドゥブ・サル）の文字が入っている〟と述べているが、そもそも中国神話の三皇五帝の伏義、女媧、神農は中東におけるダゴン、アシュトラ、バールのことであり、神農にとって代わった黄帝はミトラに比定される。その神話をわが国に持ち来たったハム系の物部氏は、イザナギ、イザナミ、スサノオ、そしてニギハヤヒという新たな名称を作り出したのである。神農もスサノオもともに牛の頭をもつ神である。物部氏の神社である熊野神社は本宮がスサノオ、新宮がイザナギ、那智大社がイザナミで（実際は本宮はニギハヤヒ、新宮はスサノオか）、この三神で完結しており、天照大神《あまてらすおおみかみ》や月読命は登場しない。物部氏（出雲）の神話が最初にあり、それに天皇家の天照大神《あまてらすおおみかみ》とセム系の月読命を系図でつなげていったと考えられる。中国神話の三皇が中東の神話を移したものであれば、夏や殷は中東シュメール起源の民族で、九十パーセント近くを占める漢民族の王朝ではない。安陽の殷墟の歴代王の墓は地下深くに存在し、地底信仰を連想させる。このシュメールのウルクからインドを経て中国の中原に達して夏や殷を建国したハム系クシュ族の末裔が越で、それがわが国に渡来して熊襲と称され、北九州中心に倭人の国をつくったのが物部氏の第一陣とすれば、それに合流した第二陣は鹿島曻氏の言うシャキィ族と並行するようにしてシュメールから渡来したウンマ王ルーガルザグギシとグート王シャルラクに始まるカッシュ（カッシート）の王朝民族で、ルーガルザグギシがウルクに君臨したようにハム系、ウルク系であり、天皇家やセム系のウル系とはそもそも敵対する存在であった。この王朝は前一一五七年までの五〇〇年間バビロニアを支配したカッシュ（カッシート）にひきつがれたが、〝カッシュ〟はハムの長子〝クシュ〟と音の響きを同じくする。東方の山岳地帯に住んでいた民族で、前一五九五年にヒッタイト（ヤペテ系）のムルシリシュ一世がバビロン第一王朝を滅ぼしたのに乗じてバビロニアを支配するにいたり、馬と戦車戦術、王の治政年代の紀年法などが知られるだけで、バビロニア史では最も不明の時代とされている。文化的にも貧困だったとされている。鹿島氏によると前一〇〇〇年頃、一部が北方のイラン高地からエラム人に追われてパンジャブ地方に侵入、またアラビア海の貿易を担っていたからアラビア海からもインドに侵入したらしい。インド上陸後はマラ（メルッハ）族と合体、またヤードゥ族またはヤーダヴァ族も従えたらしい。マラ族はカッシートと合流してわが国に渡来し、末盧《まつら》国を建てている。ただ、鹿島氏の言うようにインドで一六王朝の中のクル国やそれと同族のプール国になったのではなく、インドではマガダ国を建国している。クル国やプール国はナーガ族とカルデア人のシャキィ族の国であった。鎌倉時代の「源平盛衰記」に物部氏の祖先が〝権現、摩伽陀（マガダ）国より我が朝へ飛び渡り給ひし時、左右の翔《つばさ》と為りてわたりしによりて、熊野をば……管領す〟とあり、インドのマガダ国からやって来たとしている。このマガダ国は前六世紀のビンビサーラ王の時に東のアンガ国を征服しているが、鹿島氏によるとこのアンガ国はフェニキア系、つまりカナン人の血脈で、卑弥呼の安羅はアンガの転音であるという。アンガのカナン人は日本では「山城国風土記」の逸文に日向に天降《も》りしたと書かれている賀茂氏で、その血脈に鬼道、つまりバール信仰の卑弥呼が出たことになる。祭祀の外物部である。マガダ国はベトナムでチャンパ国になるが、中国文献では林邑とか占城として出てくる。そして、チャンパのチャム人はさらに北上して三国時代の魏に一部が合流し、他の一部は満州から韓半島を南下し、朝鮮で新羅を建国するとともに、日本に上陸して熊本に多羅国、日向に安羅国を建国することになる。新羅の王姓のうちの昔氏はシュメールのウルクやカッシート、マガダを建国した氏族であるが、朴氏はアッサムや雲南の佤族で、「三国史記」に〝朴氏は瓠氏であり、瓠氏は倭人である〟とあるように朴氏も佤族もともに瓠から生まれたという神話を有している。朴氏の朴とは瓠《ひさご》（瓢）、ひょうたんのことである。このあたりの流れについて岩田明氏は佤族とは須弥山のスメル山の麓にいた崑崙族で、闔蔑《こうめい》族を最大部族とし他に僧祇《さんぎ》、突彌《とみ》、骨堂《こたん》の部族がいて、インダス地方に脱出したシュメール人と融合して二〇〇〇年から一五世紀に中部ベトナムでチャンパを建てたとしている。わが国の久米部はこの閤蔑族であるとしている。氏の言うシュメール人は、鹿島氏のカッシートのことと解される。朝鮮の檀君神話に桓因の子の桓雄《かんゆう》が天符印三個（天帝の印）を受け、桓因より地上に降りるように命じられ、桓雄は天候を操る雲師、雨氏、風氏の三神などを引き連れて太伯山（白頭山）の頂きにある神檀樹の木の下に降り立ち、その子の檀君が国を創建したとあるが、桓因が帝釈天で、インドラやダゴンに比定されることから、桓雄はバール神のこととなる。わが国のスサノオにあたる。この神話から知れるように朝鮮民族もシュメール起源のハム系の民族によって国が創建されている。後の李朝下で両班《ヤンバン》の下、国民の大多数を占めた常民《サンミン》、ふつうの朝鮮人はやはり歴史に参加していない。新羅が強固になったのは第二十四代真興王の時だが、王は貴族や王族の子弟を集めて花郎集団をつくり、これが新羅軍の中核として活躍したことに負うところが大きい。この花郎が信仰していたのが弥勒《ミロク》で、これはバールの子のミトラ神のことである。花郎の長を源花と称したが、〝源〟は〝源氏〟に通じ、わが国の源氏を新羅の花郎の流れと捉える人も多くいる。何よりも源氏の氏神の八幡神がミトラ神に比定される。

さて、ベトナムのチャンパのチャム人が北上して三国時代の魏に合流したと書いたが、マガダの〝ガ〟が〝魏〟に転音したとする説もある。（9）魏の曹操の祖父の曹騰《そうとう》は宦官の長、大《だい》長秋《ちょうしゅう》として四代の皇帝に仕え、曹嵩《そうすう》を養子にとったが、彼は夏侯氏だとされている。(20)つまり、曹操も夏や殷と同じハム系の血流となるが、彼は太平道の黄巾集団を手なづけ兵力化し、また原始道教のもう一つの雄の五斗米道も収容し、リーダーの張魯《ちょうろ》を厚遇している。この太平道や五斗米道の反乱の徒に、マガダ～チャンパのハム系のクシュ人やカナン人が多くいたと思われ、曹操は同じ血脈、信仰から彼らを迎え入れたと考えられる。太平道や五斗米道が反乱した漢帝国は周を模範としたセム系の国であった。彼らは後に同系のソグド人などと合流して、殷の末裔の東夷も受け入れ、客家《はっか》となっていく。中国の政治、経済において今なお中核的な存在として君臨する客家はやはり非漢民族である。魏に一部が合流した後、他の一部は満州から韓半島を経てわが国に渡来し、夏～殷～越～熊襲という同じ血脈、信仰のハム系の第一陣に合流していくが、それが多羅と安羅であることは前述した通りである。「桓檀古記：高句麗国本紀」に〝陜父《きょうふ》、知将革を知り、衆を誘いて泪舟を裏し、水によりて下る。海浦に由りて潜かに航し、直ちに狗邪韓国に到る。乃ち加羅海の北岸なり。居ること数月、転じて阿蘇山に徙《うつ》りて、而して之に居る。是を多婆羅国の始祖と為すなり。後に任那を併せ、聯政し以て治む。……多婆羅は一つに多羅韓国と称す。忽本より来る。……多羅国は安羅国と同隣にして同姓なり。ふるく熊襲城有り。今九州の熊本城是なり〟とある。また「桓檀古記：大震国本紀」に〝その（伊都国）南東は安羅に属す。安羅はもと忽本の人なり。北に阿蘇山あり。安羅後に任那に入る〟とある。

ここに登場する忽本は高句麗の地名である。多羅がハム系のクシュ族、安羅がハム系のカナン人の国で、神武の伊都国とともに邪馬台国をつくり、後分裂していったことは先に述べた通りである。安羅はインドではアンガと称されていたが、このカナン人は祭祀物部の外物部で、忌部氏や賀茂氏がこの氏族である。「山城国風土記」の逸文に〝可茂と称ふは日向の曽《そ》の峯《たけ》に天降りまし神、賀茂建角身命《かものたけつぬみのみこと》、神倭石余比古の御前に立ちまして、大倭《やまと》の葛木山の峯に宿りまし、そこより漸に遷りて、山代の国の岡田の賀茂に至りたまひ……〟とあり、加茂氏が日向から大和の葛城、さらに山城（京都）へと移っていったことが伝えられている。賀茂建角身命とは大国主命の子の阿遅志貴高日子根《あじすきたかひこね》命のことである。賀茂氏が天降りしたという日向の国は安羅国である。賀茂氏はハム系カナン人の祭祀集団で、卑弥呼や台与、長髄彦、安日彦がこの血脈に属し、彼らの拠点の下鴨神社（京都）は伊勢神宮に代わって天皇家の大嘗祭《だいじょうさい》を実質的にとりしきり、わが国の神道界を支配していると言われている。

なお、カッシート～マガダ～魏という流れの中で誕生したと思われる新羅に関しては、江戸時代の鶴峯戊申《しげのぶ》氏が「襲の国偽僭考」で中国の呉が滅びた時、その王夫差が日本に逃れてきて熊本に熊襲の国を建国、その後朝鮮半島に進出して建てた国が新羅であるとしており、建国にわが国の倭人が関わったと述べている。ただ、呉はセム系で、新羅はハム系であるから、熊襲は呉ではなく〝呉越同舟〟の越の方であると解されるが、「三国史記」にも新羅王朝四代王の脱解《タルヘ》は昔姓《せき》で、生まれたのは倭国東北一千里にある多婆那国であり、卵として生まれ海に流されて金官国の海岸に着き、鵲《かささぎ》がしきりに箱につき従っていたので、鵲の字を省略して〝昔〟としたという話があり、建国に倭人が関わった可能性をにおわせている。脱解はもとは竜城国人であったと記されているが、この倭国東北一千里の竜城国とは古代出雲の一部の但馬の国で、古代出雲が竜城国とされていたのである。（15）そもそも新羅は朴姓や昔姓のハム系の国家で、同じハム系の物部氏の出雲とは同族であった。朴姓の赫居世《ヒョッコセ》によって建国されているが、主流は昔姓であったとされている。新羅と出雲の結びつきについては有名な国引き神話にも見られ、新羅の国の余りを引き寄せて国造りが行われたと伝承されている。朴炳植《パクビョングシク》氏は〝「いわく」は慶尚道方言の「イバク」の濁音のとれたものであり、……出雲ことばは慶州人によく通ずる〟としている。出雲の十月に行われる神等去出《からさで》神事では異国の神（新羅）が船で出航されるのを大勢の神主が見送るとされる。（15）スサノオも新羅のソシモリに降臨した神であった。出雲と新羅のハム系国家は連合して天皇家とセム系氏族に敵対し、新羅は後に百済、高句麗を征服して韓半島を統一する。このように新羅は倭人とのつながりが深く建国に倭人の関与も考えられるが、ただ、〝シラギ〟とは〝新しい魏《ぎ》〟ということも考えられ、関与があったとしてもそれは新羅の母体となった斯盧《シロ》国（前五七年）の方であったと考えられる。ついでに述べておくと鶴峯戊申氏は邪馬台国とは熊襲が日本の大和朝廷を偽僭《ぎせん》したもので、卑弥呼とは姫皇子の転訛であるという。卑弥呼の鬼道はカナン人のバール信仰で地底信仰であり、天皇家の高天原（スバル）信仰とは陰陽の関係で、対立するものであった。卑弥呼が天照大神《あまてらすおおみかみ》などということはありえない。

（二）周から呉、そして狗奴国《くなこく》へ

中国の故事でよく知られた〝呉越同舟〟、〝臥薪嘗胆《がしんしょうたん》〟の呉と越の対立がそのままわが国に持ち込まれ、それが越の邪馬台国と呉の狗奴国《くなこく》との対立になったと筆者は考えている。邪馬台国についてはシュメールのウルクに（もっと言えば中国のホータンに）遡るとしたが、狗奴国についても同様でシュメールのセム族がその起源と考えられる。呉の本家にあたる周について鹿島氏はアッシリアの植民地であったとし、殷についてはシュメール人やカルデア人が建国したとしているが、アッシリアの戦闘における残虐性と儒教の孔子が聖君とした周の文王、武王の治とはあまりにも乖離があり、周をアッシリアの流れとは考えられない。セムにはエラム、アシュル、アルパクシャデ、ルデ、アラムの五人の子がいたと「創世記」に書かれており、アッシリアは二子のアシュルの子孫で、彼らはアッシュール神を国家神としたが、支配層はハム系カナン人だったとも言われている。同じセム系であっても五子のアラムの流れが周ではないかと筆者は推測している。バビロニア王国を築いたのがアラム人だが、チャーチワードが〝アッカド人の住んだ村落や家には、ワニなどの野獣を防ぐために柵で囲いがあった。この柵をカルディと呼び、学校や寺院もその中にあった。……いつのまにか学校や学者のことをカルディと呼ぶようになった。これがカルデア人の名の起こりである〟と書いており、どうも〝周〟の名の由来がこの〝カルディ（囲い、周囲）〟にあるように思えてならない。つまり、周はカルデア人、その祖であるアラム人ということになる。周は羌《きょう》族を配下にかかえたが、羌族はセム系ユダヤ人で、アルパクシャデの血脈である。この周から呉が生まれたが、カルデア人はカラ族またはクル族とも称され、〝クル〟を中国で〝呉〟と表記したのであるから、呉や周がカルデア人（アラム人）ということになってくる。小林登志子氏は〝シュメル人はアッカド人とともにカラムに住んで農業を営み、都市生活を謳歌した。……周辺地域はクルと呼ばれた荒地であって……遊牧しながら天幕に住み、貧しかった。そのためにシュメル人はここに住む人々を蔑視していた〟と述べているが、〝西方の人〟と呼ばれたアラム人はこの〝クル〟という荒地の遊牧民族だったようで、〝呉（クル）〟の語源は〝荒地（クル）〟とも考えられる。周は遊牧民族的色彩の濃い国だったが、漢民族は農耕民族であり、やはり周の支配層は非漢民族だったと解される。なお、殷はインドラ神のインを表すとの意見もありハム系であるから、鹿島氏の言うシュメール人やカルデア人の国とは考えられない。殷は熊《ユウ》姓だ。

長江下流域に出現した呉の国については「史記：呉太伯世家」に〝是に於いて、太伯、仲雍の二人、すなわち荊蛮に犇《はし》り、文身、断髪し……荊蛮は之を義とし、従いて帰するもの千餘家、立ちて呉太伯となる〟とあり、周の古公亶父が末子の季歴に王位を相続させようとしたので、二人の兄が身の危険を感じて太湖北岸の梅里（無錫市）に逃れてきたとしている。太伯がその地の住人に推されて王として即位したが、実際には五百年後の前五八五年の寿夢《じゅぼう》が初代王とされている。〝臥薪嘗胆〟の夫差は二十五代王で前四七三年に呉は滅んでいる。越の句践に敗れたためである。太伯の話は単なる伝承ではなく、後世中国を訪れた倭人が自ら〝太伯の後（子孫）なり〟と述べたことが記録に残っている。さて、越に敗れた夫差についてはその後海中の普陀落山《ふだらくせん》に逃れ、百の家を建てたと伝わっている。この夫差の逃亡先はどうも沖縄だったようで、「桓檀古記：高句麗国本紀」に〝倭は会稽《かいけい》郡東冶《とうや》県の東に在り。舟にて九千里を渡り、那覇に至る。又一千里を渡りて根島（式根島）に至る。根島は亦柢《と》島と曰う。時に狗奴人、女王と相争い路を索《さが》すこと甚だ厳し〟とある。この狗奴人が呉の流れであり、邪馬台国の女王と相争ったのである。邪馬台国は越の流れであったから、「魏志倭人伝」に書かれた邪馬台国と狗奴国の戦いは、中国における越と呉の戦い（呉越同舟や臥薪嘗胆）がわが国に移ったものであった。卑弥呼はこの戦いのさ中死亡し、邪馬台国は狗奴国に追われるようにして台与《とよ》の時に大和へ東遷する。「桓檀古記」の記述は、狗奴国が中国の東冶から那覇、種子島に行く海路を捜したということで、狗奴国が沖縄にあったとしているが、邪馬台国と戦ったのは原田常治氏が述べているように、熊本にあったその分国である。狗奴国に狗古智卑狗《くこちひく》という官があったとされているが、それは菊池彦（菊池郡を治める首長）と考えられているからである。その末裔が南朝を支えた菊池氏である。沖縄を本拠に九州の熊本まで広がっていた狗奴国の〝狗奴《くな》〟とは、〝狗〟が〝大〟の意であるから〝大奴国〟ということになる(10)が、中国でバクトリアに存在した大秦国の分国が秦国であったように、この〝大奴（狗奴）国〟は北九州の〝奴国〟をその分国にしたと考えられる。邪馬台国の七万戸、投馬《つま》国の五万戸に次いで二万戸を擁し、後漢から金印を授与された福岡平野の国で、永初元年（一〇七年）に帥升《すいしょう》が後漢におもむき生口（奴隷）一六〇人を献上している。伊都国王の前の倭国王であったとも考えられるが、奴国も邪馬台国とは対立していた。奴国の後漢への朝貢は同じセム系とセム系であり、邪馬台国の魏への朝貢は同じハム系とハム系ということであった。この狗奴国～奴国が朝鮮半島に進出してつくったのが狗邪官国《くやかんこく》（金官加羅《から》）であるが、その神話によるとＡＤ四二年、亀旨《くじ》峰に金色の箱が紫色の縄でつながれて天から下り、黄金の卵が六個あり、そこから六人の童子が生まれた。金の箱から生まれたので姓を金とし、そのうちの一人金首露《きんしゅろ》が賀洛《から》（伽耶）、つまり金官加羅の王として即位したという。他の五人も別の伽耶王となっている。この金姓は今でも沖縄に多く見られる金城姓に連なり、両者とも狗奴国（倭人）と考えられる。史書は金官加羅は倭国に従属していて、倭国の領土の一部となっていたと記しているが、これが後に日本の古代における任那支配、朝鮮半島属国化の正当化として使われていくことになる。断わるまでもなく狗奴国は日本人のことではないし、日本人が任那（金官加羅）を支配していたというのは史実ではない。金官加羅人は文身など狗奴国（倭人）と同じ古俗を濃く残し、弁韓人とも異なっていたとされる。(18) 金官加羅が倭人（狗奴人）の国であったことは、例えば「後漢書」の建武中元二年（五七年）の奴国の光武帝への朝貢の時に、奴国の使者が〝奴国は倭国の極南界である〟と述べていることで、倭国が韓半島と北九州にまたがっていたという事実からも知れる。「魏志韓伝」には〝南は倭と接し〟とあり、また「辰韓記」には〝弁辰の瀆盧《とくろ》国は倭と境界をなして〟とあり、倭人の金官加羅と境界を接していたと記述している。(21)「魏志倭人伝」も狗邪韓国が倭の北岸だと明記している。「魏志東夷伝：弁辰」に〝国に鉄を出す。韓、濊《わい》、倭、皆従ひて之を取る。〟の〝倭〟も日本列島の倭人と解釈する必要もない。「三国史記」によると〝倭兵、辺境を侵す〟という記述が前一世紀から五世紀にかけて三十回に及んでおり、新羅と倭人の戦争を伝えているが、これはハム系の新羅とセム系の奴国、金官加羅の抗争であり、やはり呉越の戦いの韓国版であった。このうち何回かは新羅と金官加羅のみの戦いで、毎回北九州の奴国兵が船で出航して行ったわけではない。狗奴国～奴国～狗邪韓国という九州沖縄から韓半島南部に及ぶ倭国が存在したのであるが、そもそも〝クル（呉）〟、〝クナ（狗奴）〟、〝クヤ（狗邪）〟は順に転音していったと考えられる。なお、鳥越憲三郎氏が〝倭の古音はＷＯ（ヲ）で同じＷＯの音をもつ越と通じるだけでなく、文化人類学的にも両者は同系の民である〟と述べているように「魏志倭人伝」の〝倭人〟には呉のセム系と越のハム系の両方ともが含まれている。狗奴国も奴国も邪馬台国も、倭人の国であった。伊都国の天皇家は日本人で、正確には倭人ではない。なお、先に新羅の母体となった斯盧《しろ》国にわが国の越系倭人（熊襲）が建国時関与したかも知れないと書いたが、越が日本から韓半島へ進出して斯盧国を建国したのを追いかけて、呉が（奴国が）韓半島に進出して行って狗邪韓国を建て、以後「三国史記」に見られる三十回の戦闘をくり返していったと考えれば、そのような構図も可能性があるということである。

「魏志倭人伝」において卑弥呼の邪馬台国と抗争をくり返し、日本版の呉越の戦いを演じた狗奴国について、鳥越憲三郎氏が〝中国の史書に見える狗奴国は葛城王朝であった。葛城は和銅六年（七一三）の三字の地名を忌みて二字に改める詔以前は「葛野城《かぬき》」と呼ばれており、「葛野《かぬ》国」であった。それに魏使が「狗奴国」を当てたとみられる〟としているが、このことは逆に狗奴→葛野→葛野城→葛城という転訛の流れとみることもできる。葛城氏は高御産巣日《たかみむすび》神を信仰し、セム系の氏族であった。葛城氏の分家が蘇我氏だと「日本書紀」はしているが、この蘇我氏は物部氏と熾烈な争いをくり返しており、セム系とハム系、呉越の戦いの歴史をひきずっている。周～呉～狗奴国～葛城という氏族の流れがあったが、卑弥呼が狗奴国との戦いのさ中死するに及び、宗女の台与の時に邪馬台国は大和へ東遷したと考えられる。狗奴国、奴国、そして伊都国というセム系氏族と天皇家の連合に手を焼いたためである。そして、邪馬台国の東遷を追いかけるようにして神武東征が挙行されるが、狗奴国も邪馬台国を追って東遷しており、それが吉備（岡山を中心とする地域）である。前田晴人氏が、

「〝女王国より以北、其の戸数、道里は略載す可きも、其の余の旁国は遠絶にして得て詳かにす可からず。次に斯馬国有り（以下十九国）、次に奴国有り。此れ女王の境界の尽くる所なり。其の南に狗奴国有り、男子を王と為す。〟この文章の三箇所に〝其の〟という指示語が出てくるが、一つ目の〝其の〟は〝女王国より以北の〟七ヶ国、すなわち対馬国、一大国、末盧国、伊都国、奴国、不弥国、投馬国で、二つ目の〝其の〟もこの七ヶ国のことで、七ヶ国の南に、実際には東に狗奴国が位置していると解釈できる。狗奴国は北部九州や投馬国から見て邪馬台国と同じく東方に位置するクニの一つと考えられ、その実体は吉備国であると解する。」（『桃太郎と邪馬台国』講談社現代新書）

と述べているように、「魏志倭人伝」の記述を読み解いていけばそのようになる。「後漢書」は「魏志」や「魏略」の〝倭国の東の海を千里と少し行ったところにある倭人の国〟を〝女王

国の東の海を千余里行くと狗奴国（原文は拘奴国）に至る〃としており、今の岡山あたりの吉備国があてはまると考えられる。ただし、纏向《まきむく》遺跡から吉備の特殊器台や特殊壺が出土しており、狗奴国が移る以前には物部氏の国であったと考えられる。この吉備は五世紀に至るまで繁栄を続けており、造山《つくりやま》古墳（岡山）や作山《つくりやま》古墳（総社）を残している。とくに造山古墳は全国四位の規模であり、しかも上位三位までの古墳よりも早く建設されている。吉備といえば、桃太郎伝説の吉備津彦（七代孝霊天皇の皇子）が有名だが、吉備の首長は吉備津彦の血脈ではないとされ、しかも物部氏の出雲の国とは仇敵であったとされている。（15）この吉備は大和の葛城氏（葛城氏の拠点が大和と吉備の二つ存在）とは姻戚関係で深い結びつきがあり、大泊瀬《おおはつせ》王子（雄略天皇）が韓媛《からひめ》と葛城の領地を奉じて王子に敵対する皇子をかくまったことを謝する円大臣《つぶらのおおおみ》を許さず焼死させた事件（葛城氏は円大臣の死で衰退するが）の後、吉備の出方を伺って稚媛《わかひめ》の召し上げを命じている。吉備では和戦両様の構えがあったようだが、結局召し上げに応じている。さらに、吉備は金官伽耶（狗邪韓国）とも深いつながりを有し、吉備には伽耶系の渡来人が多く住み、〃カヤ（加陽）〃という地名を多く残している。吉備津神社は加夜《かや》臣奈留美命が茅葺宮を社殿にして祀ったのを起源としている。雄略天皇の時代に天皇の百済寄り路線に対し、吉備は伽耶について反乱を起こしている。吉備と伽耶は製鉄と交易という共通項も有している。（22）物部氏と同族の丹後の籠神社の宮司の海部《あまべ》光彦氏が〃邪馬台国は台与の時、狗奴国の侵入を受けたと思われ混乱、衰退した。その後、同族の投馬国が邪馬台国を併合し、後邪馬台国が誕生した〃という旨の伝承を述べているが、この伝承の狗奴国は九州ではなく、吉備に存在したと考えられる。神武東征の後、天皇家が邪馬台国のニギハヤヒの物部氏に代わって倭国の王になると葛城氏は重臣として仕え、鳥越憲三郎氏の言う〝葛城王朝〃の時代を迎える。この時代の天皇家の側近は内物部を除くと大伴氏、葛城氏などの高御産巣日《たかみむすび》神を奉じるセム系氏族であった。葛城氏は蘇我氏、平群《へぐり》氏、巨勢《こせ》氏、紀氏、秦氏などとともに武内宿禰《たけのうちのすくね》を祖とするとされているが、武内宿禰《たけのうちのすくね》とはセム系の血脈の祖の象徴的な存在である。八代孝元天皇の孫あるいは曾孫とされるが、「古事記」では孝元天皇の皇子比古布都押之信命《ひこふつおしのまこと》と木国造の祖の宇豆比古《うづひこ》の妹山下影比売《やましたかげひめ》との子とされ、木国造は紀氏でセム系の血脈である。

さて、「魏志倭人伝」において七万戸の邪馬台国に次いで五万戸の規模を有し、後邪馬台国を建国したとされる投馬《つま》国は丹後の海部氏がその投馬国に属していたと自ら語っているように山陰に存在したのであって、出雲のことと考えられる。新羅の四代脱解《タルヘ》王の所でふれたように古代の但馬や丹後は出雲の一部であった。速水保孝氏が〝投馬《つま》国は於投馬《おつま》ともいうがエヅモとも読め、出雲方言では「イヅモ」を「エヅモ」というから投馬国は出雲のことである〃とし、また、「イズモ」の「イ」は母音の接頭語で飛んでしまって、「ズモ」という発音を魏志が「投馬」と記録したとも言われる。(23) 北九州の不弥《ふみ》国から水行二十日で投馬国に至り、投馬国から水行十日、陸行一月で大和の邪馬台国に至るとの記述も日本海ルートを頭に描くと投馬国は出雲になってくる。

（三）倭人と邪馬台国の東遷

「魏志倭人伝」に登場する倭国や倭人について、これまで日本の国や日本人とイコールのごとく扱われてきたが、最近この見解を否定する考えが出てきている。確かに七世紀後半までわが国は倭国と称されてきたが、これは中国でそのように称されたのをそのまま使用していたのであり、わが国は邪馬台国の時代まで倭人が支配階層の倭人の国（倭国）であったが、国民の大半は倭人ではないふつうの日本人であった。「後漢書」に倭国の使者が倭の奴国は倭国の極南界であると述べたという記述があるが、この時韓半島の南から北九州にかけて存在した奴国（金官加羅を含む）にしろ、これと対立した邪馬台国の倭国にしろ、日本人とは別の、大陸から渡来した呉越系の氏族が大半の日本人を支配下においていた国と筆者は解している。「魏志倭人伝」に農耕の匂いがほとんどないことが指摘されているが、わが国はもともとから農耕民族であった。また、倭人に黥《げい》面文身（顔や体のイレズミ）の風習があったとされているが、農民が大半（江戸時代で八十五パーセント）の日本人にはイレズミの風習や伝統はなかった。後の世に至るまで文身などは特殊な人々の行為であった。そもそも歴代天皇で黥面文身を行っていた天皇など一人も存在しない。倭人はふつうの日本人とは違う血脈であったのである。鳥越憲三郎氏は次のように述べる。

「中国の正史に見える倭人、倭国（『漢書』から『旧唐書』まで十一種）は、日本人や日本国に対しての呼称ではない。中国の長江流域に発祥し、稲作と高床式住居を特質とし、東南アジアからインドネシア、朝鮮中・南部から日本列島に移動、分布した民族だ。

黄河流域に発祥した漢族が優越感から命名した卑称で「大漢和辞典」によると〝倭〟は〝醜い〟の意として〝仳倠《ひき》〟に通じるといい、「説文解字」には〝仳《ひ》、仳倠《ひき》醜面なり〟とみえる。

今から三、四十年前まで雲南省とミャンマーの国境に首狩りをする倭という部族がいた。ミャンマーでは今でも続けられている。倭は蔑称のため、中国側では自治県成立後〝佤《わ》〟と改められた。クメール人と同族である。」（以上「倭人・倭国伝全釈」中央公論新社）

古来より倭人の言われについては、〝我〟の転訛、伊都の〝委土〟の〝委〟の略称、倭に柔順の意があり、日本人の柔順さからきたなどの見解が出されてきたが、そもそも倭人と日本人はイコールではなかったのである。「契丹古伝」に〝殷、これ倭国なり〟とあるのも、殷が熊《ユウ》姓であることから、わが国の熊襲や熊野神社に連なるハム系の血脈の倭人の国という意味であった。「論衡」の〝越裳《えっしょう》、白雉を献じ、倭人、鬯艸《ちょうそう》（霊芝）を貢す〟という周代の倭人も四川省の巴国か濁国の人だったとされる。（18）「後漢書」に、鮮卑の檀石槐が魚を獲るのが上手というので、倭人の国を撃ち千余家を秦水のほとりに移住させたとあるのも日本人のことではなかった。倭人とは非漢民族の呉越の民であり、カッシートやマガダ、そしてチャンパと移動してきた魏の人々であり、またシャキィ族の一部のカルデア人もこの範ちゅうに入る。越もわが国に渡来して熊襲城を築き（桓檀古記）、それに魏の同じ血脈のハム系氏族が韓半島を通って合流して邪馬台国をつくったのであるから、魏と邪馬台国は宗家と分家の関係とも言える。周辺民族の首長クラスでさえ、銀印どころか銅印すら与えられていないのに、卑弥呼に金印紫綬、難升《なし》米《め》と都市牛利《としごり》（卑弥呼の家来）に銀印青綬が授けられた破格の厚遇ぶりはこのことによる。なお、三国時代の呉や公孫氏、高句麗はいずれもカルデア人のセム系氏族の国で、インドではそれぞれクル国、コーサラ国、プール国を建国していた。コーサラ国は公孫《こうそん》氏に転音している。クルはクレ（呉）に転音した。この三国は同盟してハム系の魏と邪馬台国に対抗したが、やがてこの同盟は破綻していく。公孫氏が魏を恐れて呉の使者の首を刎《は》ねたり、高句麗も魏に脅威を感じて呉や公孫氏を裏切ったからだ。邪馬台国は福岡の甘木に存在したことは先に述べたが、〝アマキ〟とは〝アマ（女）〟、〝キ（王）〟そして〝キ（城）〟のことで〝女王の城〟を意味するという。（10）ただし、くり返しになるが邪馬台国、狗奴国、奴国などの支配層としての倭人は少数派であり、例えば物部守屋の子孫、従類にしても五百数十人程度だったとされている。
（24）邪馬台国の時代の人口は二〇〇万人前後、奈良時代で六〇〇万人とされている。

卑弥呼の死後三世紀半ばに邪馬台国は東遷するが、これはハム系の邪馬台国（安羅と多羅）がセム系の狗奴国や奴国の勢力に押されてのことであった。武光誠氏は〝伊都国が一時期、奴国をその支配下におさめたことが伺える。奴国の最上位の官の「兕馬觚《しまこ》」と伊都国の第二位の官の「泄謨觚《せもこ》」や「柄渠觚《へここ》」とが同じ「觚《こ》」という語尾の名称をとっている〟と述べているが、どうも伊都国の天皇家はこの狗奴国、奴国のセム連合の上に存在したようである。そして、神武東征でニギハヤヒの邪馬台国が天皇家に下った後、満州の扶余から同行した大伴氏（高氏、穢氏）と狗奴国の葛城氏が天皇家の重臣として君臨していったという構図が考えられる。ともにセム系である。

〝垂仁朝に物部連公という姓を賜った。それ以前の氏は「越智」であった〟として邪馬台国の物部氏の前身が〝越〟であることを推測している鳥越憲三郎氏によると、台与の時代の邪馬台国の大和への東遷は次のようなものであった。

「物部降臨神話に本宗に直属している部民として天磐船の船長の跡部《あとべ》、梶取の阿刀造《あとのみやつこ》、船子の笠縫部《かさぬいべ》がいる。船子の中の倭鍛師《やまとかぬち》は後の穂積氏。木工を職掌とした部民が為奈部《いなべ》。……降臨神話に〃五部造《いつのとものみやつこ》は伴領《とものおさ》として天物部を率いて天降り供奉る《つかえ》〃とあるが、二田造《ふたたのみやつこ》、大庭造《おおばのみやつこ》、舎人造《とねりのみやつこ》、坂戸造《さかとのみやつこ》、曽蘇造《そそのみやつこ》がある。

天物部二十五氏族は瀬戸内海の要衝の地に配置されている。関門海峡に筑紫聞物部と赤間物部、四国に讃岐三野物部、明石に播磨物部、鳴戸にも物部が配された。

河内、大和の前線の明石、鳴門の物部が破られた場合を考え、本土の海岸線に久米物部、酒人《さかと》物部が配備された。これらが破られ河内潟に進入されたときに中心的軍団跡部が応戦した。また、河内、大和の守護にも幾重に布石が敷かれていた。住道《すんじ》物部、尋津《ひろきつ》物部、羽束《はつがし》物部、当麻《たいま》物部、疋田物部、浮田物部、馬見物部、大豆《まめ》物部、横田物部、相槻《なみつき》物部、狭竹物部、芹田物部などがある。

東遷に加らず故里に残った氏族として、筑紫贄《にえ》田物部、筑紫弦《つる》田物部などがある。……不弥《ふみ》

国がこれである。」（以上「女王卑弥呼の国」中央公論新社）

氏によると、北九州の遠賀川式土器が物部氏の移動先に見られるというが、北九州から瀬戸内海を通って河内、そして大和へという東遷はこのような概要であったという。

（四）蘇我氏は呉である。

「日本書紀」が葛城氏の分家であると記述した蘇我氏については筆者自身未だ不明な点があり、その全体像を描ききれないでいるが、種々の文献を考慮すると次のように考えられる。

蘇我氏の出自については〝大和国高市郡曽我〟、〝大和国葛城〟、〝河内国石川〟、〝百済や伽耶〟などの説があるが、「古事記」によると蘇我氏の祖の石川宿禰《すくね》は八代孝元天皇の孫の武内《たけのうち》宿禰《すくね》の子とされている。「日本書紀」は蘇我氏の祖についてはふれていない。そして、石川宿禰〜稲目宿禰《いなめのすくね》と続く系譜に韓《から》や高麗《こま》という名が見られることから、韓半島とのつながりが古くから指摘されてきている。蘇我氏を葛城氏の分家と「日本書紀」はしているが、この二つの氏族の結びつきについては蘇我馬子が推古天皇に〝葛城県は元臣《やつかれ》が本居なり。故、其の県に因りて姓名を為せり。是を以つて、冀《ねが》はくは、常に其の県を得《たまわ》りて、臣が封県とせむと欲ふとまうす〟と奏上して葛城の地が〝本居である〟としていることがよく挙げられる。蘇我の蝦夷も祖廟を葛城の高宮に立てている。筆者は葛城氏についてシュメールのアラム人（カルデア人）～周～呉～狗奴国という流れがあったとしてきたが、同じ血脈として蘇我氏もシュメールのカルデア人～シャキィ族（ナーガ族とカルデア人）のインドのクル国～中国の呉（三国時代の孫権が建国）～蘇我氏という流れを描いている。葛城氏と蘇我氏はセム系のカルデア人という血脈で、本家と分家の関係にあったのである。ただし、葛城氏の呉は前四七三年に滅んだ〝呉越同舟〟で知られた呉であり、蘇我氏の呉は孫権が建国した三世紀（二二〇～二八〇年）の呉である。ともにカルデア人の国で、カルデア人をクル族とも称し、〝クル〟を〝呉〟と表記したもので、〝クル〟が〝荒れ地〟を意味したことはふれた通りである。〝クル〟から〝クレ（呉）〟への転訛とも考えられる。インドのクル国は同じシャキィ族のコーサラ国やプール国とともにハム系のマガダ国と敵対、抗争したが、インドにおけるクルとマガダの抗争が、中国で呉と魏の抗争になり、それがわが国に持ち込まれて蘇我氏と物部氏のセムとハムの戦いになったと考えられる。三国時代の魏と高句麗、公孫氏、呉の同盟（すぐに崩壊）の対立はインドから持ち込まれたものであった。蘇我氏の呉はわが国の狗奴国（葛城氏）を二八〇年まで一五年間にわたって支援し（8）、呉の兵船が有明海に定期的に出没し、兵糧や武器を荷上げしている。また、呉が強くなるにつれて狗奴国は北上し、邪馬台国を追いつめている。（10）蘇我氏と物部氏の抗争は、仏教の導入をめぐってのものだったが、そもそも仏教の開祖の釈尊はシャキィ族の出とも言われ、ナーガ族とカルデア人の血脈とも考えられる。また、仏教伝来の折に百済の聖明王からの仏像を持参したのは西方姫《き》氏だったが、この姫氏は呉の氏族で周につながるとされている。そこにカルデア人のネットワークが見られないこともない。漢がセム系国家であるから、その後継の蜀もセム系で、呉と蜀の同盟はセム同盟であった。

この三国時代の呉のわが国に渡来した史実は、熊本県の八代市の〝ガラッパ伝説〟にその一端がうかがえる。八代市にはカッパ伝説が多いとされるが、球磨川の河口に近い前川橋のほとりに〝河童渡来の碑〟が立っている。碑文によると仁徳天皇の頃、中国から九千匹の河童が揚子江を下り、黄海を経て八代に上陸したとされている。竹田昌暉《まさあき》氏はこの河童伝説について次のようにふれている。

「呉が西晋に攻められて滅んだ天紀《てんき》四年（二八〇年）、呉将の陶濬《すしゅん》は孫晧《そんこう》に〝蜀舟皆小、今得二万兵、乗大船戦自足撃之〟と進言、孫晧は陶濬に全権を委ねたが、その後〝明日当発、其夜衆悉逃走〟とある。二万の大軍を乗せた呉の大型軍船が一夜にして消え去ってしまったのである。呉の人口は二三〇万人、兵二三万人軍船五千余艘であった。……呉王孫氏の軍船が上陸したと思わせる伝統行事が八代市の旧暦五月十八日の河童祭りである。一五〇〇年前、多数の河童が

〝呉人、呉人、多来的（オーレイ、オーレイ、デーライタ）〟と叫びながら山に逃げ込んだという。」（『三〇〇〇年間解かれなかった日本書紀の謎』徳間書店）

　氏はこの呉人の渡来を神武天皇の一行と解釈しているが、そうではなく蘇我氏のことだったと考えられる。蘇我氏については今ひとつ明確にならない点もあるが、そもそも筆者が蘇我氏と呉の結びつきについて直観したのは、日高正晴氏（西都原《さいとばる》古墳研究所長）の次の言葉であった。

「『日本書紀』推古天皇二十年正月の条に、馬子の天皇への寿歌に推古天皇がこたえて、〝真蘇我よ、蘇我の子らは馬ならば日向の駒太刀ならば呉の真刀《まさひ》諾《うべ》しかも蘇我の子らを大君の使はすらしき〟と詠んでおられ、推古天皇と馬子が馬を通じた寿歌で日向のクニを語り合ったのであろう。」（『百済王族伝説の謎』三一書房）

　〝蘇我氏が日向の駒（馬）や呉の真刀のようにすぐれているので、大君がお使いになるのはもっともなことだ〟の意の歌である。氏はふれてはいないが〝馬を通じての寿歌で日向のクニを語り合った〟のであれば、〝真刀を通じての寿歌で故国の呉のクニを語り合った〟とも解釈できると考えたのである。〝真刀〟の前の〝呉〟に特に出身地の意味はないとも解せるが、それでは蘇我氏がいたとされる〝日向〟とのバランスがとれない。やはり、蘇我氏の出自が呉であったことをふまえた歌と解釈できる。なお、原田常治氏は「古代日本正史」で西都原古墳群の男狭穂《おさほ》塚を卑弥呼の墓としている。五世紀の古墳とされているが鹿島昇氏によると中央の円墳は三世紀に策造されたと推定できるという。

さて、先にシュメール～クル（インド）～呉～蘇我という流れを示したが、実は揚子江を下ったガラッパは直接にわが国に渡来したのではなく、韓半島の金官加羅にいったんたどり着き、一部は百済にも出向、しばらくの後にわが国の八代に上陸したとも考えられ、どうもこの経路の方が正しいとも思える。八代の碑に東シナ海ではなく、〝黄海を経て上陸した〟と書かれており、韓半島方面を遠回りしたかのごとく表現されており、またガラッパ（カラッパ）は河童ではなく、〝加羅輩〟のことで加羅からやってきたという説もある。(10)そもそも呉の滅亡した年と一六代仁徳天皇の時代には、一五〇～二〇〇年位の開きがある。蘇我氏が金官加羅の葛城氏を、同族のよしみで頼ってきたということである。

蘇我石川の子の満智を百済から渡来人の木満致《もくまんち》に比定したのは門脇禎二氏で、応神天皇二五年に百済の直支《とき》王が亡くなり、その子の久爾辛《くにしん》が即位したが、王が年端もゆかぬのをよいことに木満致は国政をほしいままにし、王の母と密通、王室に多大の無礼を働いたので応神天皇によって日本に召喚されたとされる。「百済記」では、木満致は百済の将軍木羅斤資《もくらこんし》が新羅を討った時、その国の女人を娶って生ませた子で、父の功績によって任那を統治し、百済でもその勢力を伸ばしたが、悪政を知った応神天皇によって日本に召喚されたという。ということは、蘇我氏の祖は任那（金官加羅）を拠点にして百済にも進出していたということになる。金官加羅は奴国の分国として倭国の一部であり、葛城氏（金氏）の支配していた地域だったが、同じアラム人（カルデア人）の血脈の蘇我氏が呉の滅亡後入り込んで勢力を伸ばしていったという図式が描ける。門脇禎二氏は、蘇我入鹿は〝林〟とも呼ばれていたが、〝林〟は「新撰姓氏録」では百済人の末裔とされていると述べている。蘇我氏が頭角を現すようになったのは葛城氏の没落後の宣化元年頃で、蘇我稲目がこの年大臣に就任している。六世紀後半のことであり、金官加羅の金仇亥《キムクヘ》王が新羅の法興王に降伏したのが「三国史記」では五三二年になっているが、「日本書紀」で任那の滅亡は欽明二三年でその数十年後となっている。これは倭国の最後の領域が金官加羅の滅亡後に没落したと解釈できるが、金官加羅滅亡後、蘇我氏の台頭がわが国で見受けられる。応神天皇によって木満致が日本に召喚された後、次の仁徳天皇の時代に〝加羅輩《カラッパ》〟がその跡を追うように八代に上陸したのが蘇我氏の第一陣で、金官加羅の滅亡後にわが国に渡来してきたのが第二陣と考えられる。推古天皇が蘇我氏を讃えた歌に日向が登場することから、日向の地を経由して大和にやってきたと考えられる。大和の蘇我に定着した木満致は葛城氏に入婿《いりむこ》したという人もある。飛鳥の檜隈《ひのくま》に呉から渡来した技術者たちの祖先を祀った呉津《くれ》彦神社があり、呉から招いた技術者たちを住まわせ東漢氏《やまとあやし》の支配下においたと伝えられているが、蘇我氏は内蔵、大蔵、斎蔵の三つの蔵を管理して力をつける一方で、東漢氏の支族の身狭《おさ》氏、檜隈氏を味方につけ、やがて東漢氏と同族が蘇我氏を支持していくようになったとされる。蘇我氏も〝鞍作り〟と称された工人の側面をもつ。(24) 蘇我氏が東漢氏や秦氏（ともにセム系）を配下においていった背景には、東漢氏や秦氏がともに渡来人であることから、大陸からの同じ血脈の結びつきを考えざるを得ない。また、蘇我稲目や馬子は吉備に大がかりな屯倉《みやけ》を開いているが、吉備は葛城氏の所領であった。

(五) 物部氏とオリオン信仰

物部氏はノアの二子のハムのクシュ、ミツライム、プテ、カナンの四人の子のうち、クシュとカナンの流れを主体とし、このうちクシュはシュメールのウルク〜カッシート〜マガダ（インド）〜チャンパ（ベトナム）と東遷した部族で、この流れから魏、新羅、そして多羅国が生まれたことは先に書いた通りである。一方、カナン人はヨーロッパでフェニキア人と呼ばれたが、インドではアンガ国を建国、征服されたクシュのマガダ国の移動とともに満州から韓半島を経て渡来し、安羅国をつくったことも前述した通りである。多羅国と安羅国とで邪馬台国をつくったが、このうち多羅は武家の内物部で、安羅は祭祀の外物部であった。しかし、両者ともハム系で、中東のバール、アシュトラ、その子のミトラを信仰しており、この三神はエジプト神話のオシリス、イシス、ホルスで、中国神話では、神農、女媧、黄帝に比定された。インドではバールがシヴァに、アシュトラがヴィシュヌに比定され、日本神話ではイザナギがダゴン、イザナミがアシュトラ、スサノオがバール、ニギハヤヒがミトラに対応している。このことは、中東シュメールの地に発した（もっと遡ると中国のホータン）民族、血脈が各地に移動して、その先々で支配階級として君臨、自らの信仰する神々を祀り、被支配者に強要していった史実を語っており、名称こそその地の言語に合わせて変えているが同一の神であった。そして、それはアガルタやシャンバラなどと称される地底世界の神々であった。ギリシア神話のゼウスは、雷神であることからバール、姉で正妻のヘラはアシュトラ（オシリスとイシスは兄妹で夫婦）、ゼウスとレトの子のアポロンはミトラにあたる。ミトラもアポロンもともに黄金の光を放つ光明神で、ギリシア人はアポロンをホルス（ミトラ）と同一視したと伝えられている。アフロディテはウラノスの娘ともゼウスの娘ともされるが、前者ならばウラノスは天空神だからアンに相当することからイシス（アシュトラ）に、後者ならばアフロディテ、アテネ、アルテミスの三姉妹がわが国の宗像三神の田心《たごり》姫、湍津《たぎつ》姫、市杵島《いちきしま》姫（スサノオの子の三姉妹）にあたることになる。クロノスはバールの父のダゴンに比定される。また、ヘラクレスの十の試練は大国主命（ニギハヤヒと兄弟）の試練につながっているともとれる。

さて、物部氏はスサノオや大国主命を祀る出雲やニギハヤヒを祀る三輪山（大神神社）などを拠点としたが、その祭祀の源流は中東やエジプトにあった。「旧約聖書」によるとクシュはエチオピア、ミツライムはエジプト、プテはリビア、カナンはシリアやレバノン周辺に移り住んだとされる。エチオピアのクシュ族は、バビロニアのカッシート（カッシュ族）と同族と考えられる。エジプト人では歴代王朝の祖をオシリス、イシス、その子のホルスとしており、この三神信仰はオリオン座やシリウスへの信仰となっている。エジプト神話では、オシリスはオリオン座、イシスはシリウス星になぞらえられており、この二神は地上での役目を終えた後、それぞれオリオンとシリウスに昇天している。また、「オリオン・ミステリー」で知られるようになった事実だが、三大ピラミッドはオリオンの三つ星とその大きさ、配置が同じで、ナイル川を天の川になぞらえると、天体の構図の写しとなっている。また、クフ王のピラミッドの〝王の間〟からの南シャフト（通気孔）はオリオン座のアルニタルを指し、〝女王の間〟からの南シャフトはシリウスに照準を合わせている。ちなみに、残り二つのシャフトは竜座のアルファ星（かつての北極星）と小熊座のベータ星を指している。つまり、エジプトの三大ピラミッドはオリオンやシリウスを祭祀し、信仰するセンターであった。

「ヨブ記」に〝彼は北斗、オリオン、プレアデスおよび南の密室を造られた〟（九章九節）、〝あなたはプレアデスの鎖を結ぶことができるか。オリオンの綱を解くことができるか。あなたは十二宮をその時に従って引き出すことができるか。北斗とその子星を導くことができるか〟（三八章三一～三二節）とあるが、この言葉はプレアデス（スバル）は愛と平和の波動を発しており、オリオンはその反対に否定的な波動に束縛されていることを暗示しているという。この見解を述べたジョージ・ウィリアムソン氏はまた、次のように記している。

「遠い昔、オリオンはプレアデスに魔手を伸ばそうとしたので、鎖につながれる運命になった。が、いまやその魔の手を地球に伸ばそうとしているのだ。オリオンはプレアデスを滅亡させようと企て、宇宙法則によって制裁を受けた。しかし、この制裁はオリオンがプレアデスの七星に近づくことを禁じただけであって、宇宙のそのほかの部分に対してはその忌まわしい影響を及ぼすだけの力を残しているのだ。

星座のオリオンは牡牛（プレアデスは牡牛座）の攻撃を受けとめている。オリオンの前にはプレアデスの七星が見える。……オリオンは宇宙の大狩人で、常に獲物、とくにタウルス（牡牛）を追いかけている。」（以上『神々のルーツ』ごま書房）

ギリシア神話などにもオリオンがプレアデスに手を伸ばそうとして怒りをかい、懲らしめられる話があるが、オリオン（バール）の子のミトラについては、牡牛の上にまたがって屠殺する姿でしばしば描かれる。闘牛の原型と言う人もある。「この国のすがた―五行文化論より」で、日本とタイが〈水〉の国であると比定したが、欧米の植民地化の時代、アジアのほとんどの国が植民地化されたのに日本とタイのみ植民地化されなかったのは、〈水〉がスバル（プレアデス）を志向する五行と考えると納得のいくところがある。〝オリオンはプレアデスに近づくことを禁じられている〟という構図が地上に反映されているとも理解できるのである。ヘルメス・トリスメギストスの〝上なる如く下にも〟の言葉の通りであって、おそらく天上の天体にも人体や世界の文化と同じく陰陽五行が配列されていると推測している。「五行天体論」といったことが考えられると思っている。なお、世界を植民地化していった主体はヨーロッパ人ではなく、その上に君臨するヤペテ系のアーリア人やハム系のアシュケナジー・ユダヤ人（カナン人）であったことは前章でふれた通りである。

中東で信仰されていたバールとその母で妻でもあるアシュトラ、そして二神の子であるミトラの三神がエジプトでオシリス、イシス、ホルスになり、日本に持ち込まれてスサノオ、イザナミ、ニギハヤヒになったことは先にふれたが、これは同一の血脈の民族の移動の結果であった。オシリスとイシスは兄妹で、夫婦の関係にあり、バールとアシュトラの母子で夫婦の関係とは異なるが、このようなズレは民族の移動に際しよく見られる現象である。ちなみに、バールの父のダゴンがイザナギにあたり、中国神話では伏羲となっている。伏羲と女媧でイザナギとイザナミ、その子の神農がスサノオ、黄帝がニギハヤヒとなる。タミール語でイザナギ、イザナミは〝蛇男〟、〝蛇女〟の意で、伏羲や女媧が蛇身だったことにつながる。ともに兄妹で夫婦でもある。

バールは北欧神話のトール、ギリシア神話のゼウスにあたるが、天上の太陽と暴風雨を統括し、頭に牛の角をはやし、鉄の棍棒を振り上げた姿で描かれる。わが国の神話ではスサノオにあたるが、スサノオも暴風雨の神であり、頭に牛の角をもつことから牛頭《ごず》天王と呼ばれている。スサノオには八岐大蛇《やまたのおろち》を酒に酔わせて退治し、鉄の剣（草薙剣）を手に入れたという神話がある。この七頭の龍は、バール神に敵対したナーガ族の象徴である。また、アシュトラは〝月と水の女神〟で、姿は角のある蛇の形をしており、水中に住んでいると思われていたため、神殿は水際に建てられた。(25)二神の子ミトラは前一三八〇年頃のボガズキョイ（トルコ）でのヒッタイト王とミタンニ王の条約締結の保証者として、粘度板に名が記載されているのを初め多くの文献に登場するアーリア人の神である。インドの「リグ＝ベーダ」にバルナ神と双神格をなしてあらわれ、天則を守り、天地を支配し、太陽の針路を守って耕作者を監視する光明神とされる。雄牛（牡牛座のプレアデス）ののどに短剣を刺す美青年として描かれることは先に述べた通りである。ローマ帝国の軍隊によって信仰され、ミトラ教としてヨーロッパ全土に伝えられた。地下の聖堂や洞窟で神秘的な供犠や行をおこなったが、三七八年にキリスト教によって禁止され、勢力を失った。宮崎市定《いちさだ》氏はミトラは仏教の毘沙門天に化身したとしているが、ミトラ神が太陽と勝利、財宝の神で千の耳と万の目を持ち、国家護持、生長増進の働きをするところから、仏教の四天王の多聞天《たもん》（千の耳）、広目天《こうもく》（万の目）、持国天《じこく》（国家護持）、増長天《ぞうちょう》（生長増進）に分身化したともされる。(26) 地底神が高天原の神（仏教、仏教の「空、悟り」）に、〝正系に隠れる〟という方針の下に寄りそった姿である。

この中東のバール、アシュトラ、ミトラがこれらの地底神を信仰する血脈の人々によってわが国に持ち込まれ、スサノオ、イザナミ、ニギハヤヒになったが、これはハム系の物部氏の信仰する神々である。これら三神の祖神が神産巣日《かみむすび》神で、神産巣日《かみむすび》神はハム系のオリオン信仰につらなっている。天之御中主《あめのみなかぬし》神がスバル信仰、高御産巣日《たかみむすび》神が北極星、北斗七星信仰に対応している。シュメール神話では天之御中主《あめのみなかぬし》神、神産巣日《かみむすび》神、高御産巣日《たかみむすび》神でアン、エンリル、エンキになっている。スサノオは出雲神であり、ニギハヤヒは大和の三輪山に祭祀されているが、大国主命の和魂《にぎみたま》としての大物主神がこれにあたる。ニギハヤヒは「但馬故事記」によると襲名で、物部氏の族長名とも考えられるが、系譜によると大国主命の兄弟ともされている。ミトラ神については、大国主命に比定できるようでもあるが、八幡神社や熊野神社ではニギハヤヒが祭祀されており、ニギハヤヒに比定するのがふつうである。大物主神と大国主命の関係についてはさまざまな説があり、はっきりとはわかっていないが、大物主神はニギヤハヒで、大国主命の和魂という説は後の偽造とも言われる。

さてスサノオとオリオンの関わりについて、北沢方邦氏が〝アマテラスとスサノオのウケヒによって創造された三人の女神と五人の男神は天空に輝く星座である。剣の直線を三等分する三人の女神はオリオンの三星で、和名カラスキである。スサノオの剣はオロチノカラスキの剣と呼ばれている〟としており、また伊東宏之氏が次のように述べている。

「記紀に描かれている〝誓約《うけい》神話〟では、天照大神《あまてらすおおみかみ》が御統《みすまる》・スマル―スバル星から天孫降臨する太陽神を生み出し、スサノオノミコトは十握《とつか》の剣から胸肩三女神のオリオン座三つ星を生み出します。このスバル星とオリオン座は、スバル星の牡牛座とオリオン座の争いとしてギリシア神話でも伝えられている。

『日本書紀』ではスサノオノミコトが〝カラスキの剣〟でオロチを斬ったとあり、〝カラスキ星〟がオリオン座三つ星の古名であることから、娘の胸肩三女神はオリオン座三つ星となる。

……その胸肩をスサノオノミコトの肩と胸を象るオリオン座四つ星と捉えるとオリオン座四つ星の中に三つ星が並ぶ形は、スサノオノミコトが腰にカラスキの剣を帯びる姿となり、胸肩・オリオンの神となる。……その根の国、冥界へと行ったスサノオノミコトは、天界、冥界の夜空にオリオン座の星として輝く。」（以上「シリウス星と謎の古代空間」文芸社）

日本神話の中で、天照大神《あまてらすおおみかみ》がスバルに関係するのに対し、スサノオはオリオンに関わって描かれている。これは、エジプトのオシリスがオリオンとの関わりで描かれていたことの日本版である。同じ神を信仰する一族が、中東、エジプト、ヨーロッパ、インド、中国、朝鮮、日本に支配者として君臨してきた歴史がそこに見てとれる。しかも、それはほんの一割か二割の数であって、八割以上の一般の人々はその神々の本質的な正体を知らないまま、次第にその信仰に染まっていったというのが実体であった。

このハム系の物部氏の祭祀する神々は、高天原（スバル）系の天皇家の神とは系列を異にするから、イザナギ（ダゴン）が禊をして誕生したとされる天照大神《あまてらすおおみかみ》、スサノオ、月読命を兄弟（姉弟）神としたのは系譜の意図的な偽造と言える。シュメールの時代から神々の系譜は何度もつなぎかえられており、シュメール神話の神々の関係は、いく通りものつながりが展開している。イナンナ（イシス）がアンの娘だったりしている。わが国の神社の大半はこの物部系の神を祭祀しており、伊勢神宮の他ではセム系の稲荷神社、藤原氏系の枚岡神社などが例外であるにすぎない。しかも、伊勢神宮も天照大神《あまてらすおおみかみ》を祭祀する天皇家の神社とされながら、正殿の下に存在し、長い間〝秘中の秘〟とされてきた〝心《しん》の御柱《みはしら》〟には物部系の神宝、ニギハヤヒが降臨した際に持参した〝十種神宝《とくさのかんだから》〟が祭祀されていると言われている。「先代旧事本紀」によると内宮に八咫鏡《やたのかがみ》が祭祀された次の夜、〝十種神宝〟が大和神社から〝心の御柱〟として移転されたという。内宮の〝心の御柱〟は、大物忌という物部系の童女のみが祭祀に関わり、天皇家の斎宮は祭祀に関わって来なかった。よく知られているように、飛鳥時代に持統天皇が参拝したのを最後に明治に至るまで歴代天皇は一度として伊勢神宮に参拝していない。しかも、その参拝も臣下の大三輪氏（三輪山で物部系）の猛反対を押し切ってのものであった。この時、祭神の変更があったという。また、鹿島神宮や春日大社ももとは物部氏のハム系の神社であったのを、セム系の藤原氏が自らの神社にしたとも言われている。八〇七年に忌部広成が「古語拾遺」を書いて、忌部氏と中臣（藤原）氏が宮中の祭祀を分担してきたのに中臣氏に押されて忌部氏の勢力が衰退していくのを嘆き、直訴したように天皇家の祭祀はセム系の中臣氏に独占されていくことになる。忌部氏は賀茂氏と同族だが、大物主系と事代主系の二系列があり、大嘗祭を担当するのが前者で、後者は祭祀担当の外物部、安羅系カナン人の流れとなる。卑弥呼の末裔である。賀茂氏は忌部氏中の忌部氏と言われる。伊勢神宮に代わって実質的に神道の中心的存在となっているのが下鴨神社、上賀茂神社の賀茂氏だが、下鴨神社の祭神の火雷神《ほのいかずち》は雷神であることからもスサノオやバールに比定され、上賀茂神社の火雷神の子の別《わけ》雷命はニギハヤヒに比定される。上賀茂神社には別雷命の母の玉依媛も祭られているが、アシュトラに対応している。松尾大社の松尾大明神は火雷神と同一神で、別名大山咋《おおやまくい》神と称するが、この神は全国で祀られている日吉《ひえ》神社の神で、比叡山の日吉《ひえ》大社が総本山である。紀伊の熊野神社は、原田常治氏によると新宮の速玉之男尊がスサノオ、本宮の事解《ことさか》之男尊がニギハヤヒという比定が正しいとされるが、氏が神社に電話で聞くと新宮がイザナギ、本宮がスサノオとの対応があったという。那智大社はイザナミである。ここで注目すべきは、イザナギ、イザナミ、スサノオで完結しており、天照大神《あまてらすおおみかみ》や月読命が登場しないことである。イザナギやイザナミは高天原系ではなく、物部系の地底世界の神である。イザナギが、地底世界の黄泉の国にいるイザナミを訪ねる話はよく知られている。補陀洛山《ふだらくせん》信仰は地底信仰である。物部系の地底神を〝正系に隠れる〟の方針の下、高天原系の神と系譜上結びつけたと考えられるが、一方で天照大神《あまてらすおおみかみ》(天疎日向津比売《あまさかりひにむかいつひめ》天皇)とスサノオの和解を目ろんだ結婚説も考えられる。熊野神社はその「熊野権現御垂迹縁起」で、熊野権現は北魏または唐から渡って、九州の彦山に天降り、ついで石鎚山から淡路島の遊鶴羽嶽《ゆづるはだけ》に移り、紀州の切部山から熊野新宮、本宮へと移って三所権現として現われたと由来を説明しているが、北魏にしろ鮮卑の唐にしろカイラス山の近くのホータンがその出自であった。白山神社は祭神をイザナミとする説もあるが、菊理媛が本来の祭神で、イザナギとイザナミのけんかを仲裁する場面で顔を出す。この女神はイザナミの姉で、冥界の女王とされるシュメール神話のエレシュキガルである。「イシュタル（イシス、イザナミ）の冥界下り」に登場してくる。白山神社は拝殿にも奥宮にも屋上に千木がなく、宇宙からの霊波を捉えるレーダーを欠き、本殿が地上ではなく、地下にあることを示しているという。(27) 白山を開いた泰澄は秦氏とも三神氏とも言われるが、白山で行基《ぎょうぎ》に出会っている。行基は奈良の平城京開都を勧め、東大寺大仏の造営に起用されている。東大寺の大仏は毘盧遮那《びるしゃな》仏でミトラと双神格をなすバルナ神であり、昼の神がミトラ、夜の神がバルナとされてきた神である。この他、諏訪神社の祭神は大国主命の長男の建御名方《たけみなかた》神であり、氷川神社はスサノオ、金毘羅大権現は大物主神とされている。このようにわが国の神社はほとんどハム系の物部氏の祭神で占められており、天皇系やセム系の神社はほんのわずかである。神社の数では一、二位を占める八幡神社も、神宮寺を弥勒寺と称することからわかるようにミトラ信仰である。ミロクとはミトラのことである。「宇佐八幡託宣集」によると、宇佐郡の菱形池のあたりに八つの頭を持った鍛冶の翁がいて、近づく者が死んでしまうので恐れられていた。ある時、大神比義《おおがひぎ》が近づいてみると金色の鷹が木に止まっていた。さらに鳩となって彼のもとにやってきた。神が利益しようとしていると悟った大神比義は、山にこもり、五穀を断ち修行を始めた。三年後、神に姿を現わしてほしいと願うと三歳の童子が竹の葉に乗っかって現われ、〝辛国の城に始めて八流の幡を天降して、吾は日本の神となれり〟と言ったという。宇佐八幡神は記紀にその系譜がなく、正体不明の神とされてきたが、この大神比義によって八幡神社が創建されたのであるから、原田常治氏が大神神社の初代宮司の大田田根子を祀った若宮神宮の後裔が大神比義であるとしているように、三輪山の大物主神（ニギハヤヒ）と同じミトラ神である。若宮神社の宮司の後裔に欽明天皇の頃にムサ（身狭）という人物が存在し、その次男がヒギ（比義）であった。後に源氏が八幡神を氏神とするが、源氏は新羅のミトラ信仰を有する花郎の流れであった。「宇佐八幡託宣集」より五百年前に出た「太政官符」に辛島勝乙目《からしますぐりをとめ》が菱形池の近くに現われた鍛冶翁に祈ったと書かれており、宇佐八幡神社は大神氏ではなく、辛島氏によって創建されたという説もあるが、この辛島氏もスサノオや五十猛命《いそたけるのみこと》をその祖先としているから大神氏と同じハム系の物部氏族であることに変わりない。なお、宇佐氏は高御産巣日神《たかみむすび》を奉じるセム系の氏族で創建には関わっていない。

このように、わが国の神社の大半がスサノオやニギハヤヒ、つまりバールやミトラを祭祀し、その系列神を祭神とした物部氏系の神社で、オリオン信仰であり、ハム系の神々を祀ったものであった。造化三神のうちの神産巣日神《かみむすび》で、出雲系の神々であった。天皇家のスバル信仰の神社はほとんどなく、天之御中主神《あめのみなかぬし》を祭祀した神社も実際は北極星信仰のものがほとんどである。

ハム系のオリオン、シリウス信仰の神社以外としては、セム系の北極星、北斗七星信仰の稲荷神社が数としては目立つにすぎない。

第三章　藤原氏について

(一) ユダヤ十二氏族から月氏へ

藤原氏は七世紀に中臣鎌足が天智天皇より藤原の姓を賜わり、その子の不比等の代より天皇の后を輩出、九世紀の良房、基経の頃から摂政、関白を独占し、明治にいたるまでわが国随一の名門貴族として実に千数百年の長きにわたり君臨してきた氏族である。この間、鎌倉から江戸時代にかけては武家が政治の実権を握ってきたが、公家のトップとしての藤原氏の存在はゆるぐことはなかった。とくに后妃のほとんどは藤原氏の出で、例外としては後水尾《ごみずのお》天皇の中宮となった徳川和子ら数例があるにすぎない。明治以降も明治天皇の皇后は一条美子《はるこ》であり、大正天皇の皇后も九条節子《さだこ》で、ともに藤原北家の五摂関家の家柄である。昭和天皇の皇后も島津家出身で、後述するが藤原氏と同族である。このように千数百年にわたって、天皇家の随一の側近、重臣としてわが国の歴史に君臨してきたのが藤原氏で、とくに長い婚姻関係から天皇家と藤原氏は不可分一体の存在と言っても過言ではないのである。天皇家を語ることは藤原氏を語ることであり、また、藤原氏を語ることは天皇家を語ることであると言われるゆえんである。

しかし、そのような大きな存在の藤原氏については、とくにその出自についてふれた書があまりにも少ないのである。「日本書紀」は中臣鎌足の出自を記していない。父親の名も明記せず、親族についてもふれていない。「日本書紀」は藤原不比等が実質的にしきったとされる史書だが、そこに出自が書かれていないのは不可解である。仲麻呂の撰とされる「藤氏家伝：大織冠伝」は鎌足の出自について〝内大臣、諱は鎌足、字は仲朗、大倭国高市郡の人なり。其の先、天児屋根命より出づ。……美気祜《みけこの》卿《まえつきみ》の長子なり〞としている。また、「大鏡」では、中臣の鎌子（鎌足）は常陸国に生まれたとしている。常陸国は藤原氏の氏神の武甕槌《たけみかづち》神を祭祀する鹿島神宮がある場所である。この大和や常陸が一般に中臣氏の出身地とされているが、これが定説となっているわけではない。とくに「日本書記」がその出自を明記していないことから、一方で百済などからの帰化人説を主張する人も少なくない。梅原猛氏は「続日本紀」に、中臣の遠祖の伊賀都臣が百済に使いして、当地の女性と結婚、二人の子をもうけたが、彼らが日本に渡来して、美濃国栗原に住み、中臣栗原連の姓を賜わりたいと申し出たとあることから、中臣氏は帰化人の血を引くとしている。鹿島曻氏も友人であった藤原氏の清華家の広橋興光《おきみつ》氏が〝藤原氏には中国系と朝鮮系があった。中国系の方がいばっていて、ウチは朝鮮系だから清華家なんだ〟と語ったという話を伝えており、藤原氏の中にも中国や朝鮮からの渡来氏族という認識があったとしている。広橋氏によると、まだ藤原氏の渡来経路ははっきりと解明されていないという。ただ、最近になって主に民間の研究者によって藤原氏と秦氏、さらに月氏や羌《きょう》族、カーシー族、そしてその源流として〝失われたユダヤ十支族〟にまで遡るルートが断片的に示されてきたように思える。本書はそれらの研究を一つのルートとしてまとめあげたものである。

天岩屋戸神話によると、スサノオの狼藉に怒った天照大神《あまてらすおおみかみ》は天界の天岩屋戸に閉じ込もってしまう。そのために天界と葦原中国は全き暗闇と化してしまい、たいへんな混乱となる。やがて、祭司のコヤネ（中臣氏の先祖）が呼び寄せられ、天照大神《あまてらすおおみかみ》を岩穴から出す策が練られる。コヤネは榊を岩穴の前に置き、八咫鏡と八坂瓊《に》勾玉を掛け、祝詞を申し上げて祈ったとされる。その祝詞が〝ひい、ふう、みい、よお、いつ、むう、なな、やあ、ここの、とうぉ〟であったと伝えられているが、これはもともとヘブル語の〝ひぃ、ふぁ、み、よぉ、つぃあ、ま、なね、や、かへな、たゔぉ〟で、区切りを少し減らすと〝ハイアファ　ミ　ヨツィア　マ　ナーネ、ヤカヘナ　タヴォ〟と発音され、〝誰がその美しい方を出すのでしょう。彼女に出ていただくために、いかなる言葉をかけたらいいのでしょう〟という意味になるという。つまり、中臣氏の祖のコヤネはヘブル語で祝詞をあげたということで、中臣氏とヘブライ（ユダヤ）人とのつながりが出てくるのである。この説を唱えたヨセフ・アイデルバーグ氏によるとコヤネはヘブル語で〝祭司〟を意味する〝コヘン〟からきており、〝コヘン〟をヘブル文字で書くと〝コ八ノ〟となり、日本人はカタカナで〝コハノ〟と読むという。そして、真ん中の〝八〟は〝ヤ〟とも発音するから〝コヤノ〟とも発音され、それが〝コヤネ〟に転訛したという。アイデルバーグ氏は、いわゆる「日ユ同祖論者」で、種々な習慣や言語の類似から、日本人とユダヤ人が同祖であると主張し、この立場に立つ研究者は多くいる。

しかし、筆者は藤原氏がセム系のユダヤ人で秦氏として渡来し、わが国に多くのユダヤ系要素を持ち込んだだけで、その数もせいぜい数パーセント（江戸時代の公家は寺社と含めて一・五パーセント）、日本人とユダヤ人は同祖ではないという考えである。そもそも、日本人は農耕民族で、ユダヤ人は遊牧民族である。ただ、アイデルバーグ氏や小谷部全一郎氏らによって指摘されている日本人とユダヤ人の習慣や風俗の類似性、とくに神道の場における類似性は問題としないわけにはいかない。これは秦氏（藤原氏）によって持ちこまれ、藤原氏（中臣氏）がその祭祀を担ったという経緯から生じたものであるが、例えば、日本人とユダヤ人はいずれも神殿の前面に二本の柱を立てる。拝殿と奥殿があり、檜材を用いる。注連《しめ》縄をかける。入り口に洗盤を置き、塩で清めをする。祭司が純白を着る。初穂を神に捧げる。これら全く同一といってもよい類似性を有していることが指摘されているが、神道界の中心を担ってきた中臣氏が、ユダヤ十二支族の出とすれば理解できることである。小谷部全一郎氏によるとこの他にも、日本人とユダヤ人には、結婚の時の角隠し、生後三十一日目の宮詣り、十三詣り、印章による署名、明治維新前までの一日の神社参詣と十四日の支払い日の風習、相撲（ヤコブの相撲）など多くの類似性が見られるという。川守田英二氏は伊勢音頭や東北の民謡などにユダヤ古語が見られるとしているが、例えば伊勢音頭の〝ササ、ヤートコセー、ヨーイヤナー、アーリャリャー、コレワイセー、コノナギイド、モセー〟は〝汝ら喜び欣べ、エホバは沈めた。エホバは憫みふかし、われエホバをほめ祀る。彼呼出しかつ教えり、彼立てたり指導者モーセを〟という意味になるという。氏によるとヘブル語の転訛した日本語は二、三千語に及ぶという。アイデルバーグ氏によると、ヘブル語起源の日本語は五千以上見い出されるという。我々がよく使う〝コラ〟や〝アカン〟はヘブライ人を危機に陥れた悪名高い罪人の名に由来している。アイデルバーグ氏はカタカナやひらがながヘブル文字に由来するとして、三つのグループに分類して説明しているが、仮名がすべて漢字を崩して成立したとするには無理があることから、一考に値する。さらに、氏は勾玉の形がヘブル文字の〝י（ヨッド）〟に由来すると主張しているが、これはヤハウエの短縮系の〝ヤー〟と発音される文字である。

「日ユ同祖論」自体は受け入れがたいが、わが国にユダヤ的要素が流入してきていることは事実であり、日ユ同祖論者の主張にも一理はある。それではどのような経路で、ユダヤ人がわが国に渡来したのかということになるが、そもそもの発端は紀元前七二一年のアッシリアによるユダヤ捕囚、それに伴う〝失われたユダヤ十支族〟という出来事に遡ることになる。ユダヤ人の民族の祖としては、アブラハム、イサク、ヤコブの三人が知られているが、ヤコブとレア、ラケル、ビルハ、ジルパの四人の妻との間に十二人の息子が生まれ、それぞれがユダヤ十二支族の族祖となったとされる。つまり、ルベン、シメオン、レビ、ユダ、ダン、ナフタリ、ガド、アセル、イッサカル、ゼブルン、ヨセフ、ベニヤミンの十二人である。ただし、レビは後に祭祀を担当として他の部族の中に散らばっていったから十二支族から抜け、代わりにヨセフの二人の息子マナセとエフライムが加わっている。ダビデやキリスト（イエス）はユダ族、モーゼやアロンはレビ族、パウロやマグダラのマリアはベニヤミン族の出身である。栄華を誇った古代イスラエル王国もソロモン（ダビデの子）の子のレハブアム王の時に十部族が反旗をひるがえし、十部族からなる北王国とユダ族とベニヤミン族の二部族からなる南王国に分裂した。紀元前九三一年のことだった。そして、北王国は紀元前七二一にアッシリア王サルゴン二世によって滅ぼされ、二万七二九〇人の住民が捕虜として連行されたのである。「列王記」には〝彼はイスラエル人を捕らえてアッシリアに連れて行き、ヘラ、ハボル、ゴザン川、メディアの町々に住ませた〟と記されている。ヘラは現在のキルギス、ハボルやゴザン川がアフガニスタンの地名である。この時、南王国はアッシリアの十数万の大軍がペストで壊滅して（祈りによる奇跡とされる）助かったが、紀元前五八六年に新バビロニア帝国のネブカドネザル王によってバビロンに捕囚され、滅亡した。新バビロニア帝国が紀元前五三八年にペルシアによって滅ぼされると南王国のユダ、ベニヤミン族は解放されて故国に帰還したが、その時、アッシリアによって捕囚された残りの十支族はそこにいなかったのである。そして、二千数百年後の今日にいたるまで未だようとしてその行方が知れないのである。これが〝失われたユダヤ十支族〟である。ユダヤ人にはアシュケナジー・ユダヤとスファラディ・ユダヤの二つの流れがあるとされるが、ユダ族とベニヤミン族の二支族がスファラディであり、聖書に登場するユダヤ人である。東欧や現在のイスラエルに居住するユダヤ人の大半はアシュケナジーで、この血脈はハム系カナン人、そしてカザール帝国の流れにあり、セム系ではない。聖書に登場するユダヤ人ではない。スファラディは同じセム系のアラブ人と共存していたが、アシュケナジーがイスラエルを建国してから血みどろの争いをくり返すことになる。アメリカのユダヤ人の大半もアシュケナジーである。

さて、この〝失われた十支族〟であるが、実際にはユダ、ベニヤミンの二支族の一部もこれに同行しており、十二支族が合流して移動している。ユダヤ人は長い間同族を捜し続けてきたが、ついに一九七五年に〝失われた十支族〟を捜し出すための機関としてアミシャーブを設立した。聖書に、終わりの日に神が十二支族を再びイスラエルの地に集められるという予言があるからである。「歴代誌」に捕囚民について〝彼らは今日もなおそこ（ヘラ、ハボル、ハラ、ゴザン川）にいる〟と書かれており、紀元前四〇〇年頃には同じ地にとどまっていたと考えられる。紀元後一世紀のヨセフス・フラビウスは「ユダヤ古代史」の中で、〝十部族は、ユーフラテス川の向こうの地に今もおり、巨大な群衆となり、その人口は測り知れない〟としている。一方で、一世紀末の「エズラ第二書」には〝それから十部族は、異教徒の住むその地から離れ、誰も住んだことのない遠い地へ行くことを決心した〟とあり、ユーフラテス川を渡ってアルザルという地にたどり着いたと書かれている。このアルザルについては種々な解釈がなされているが、〝失われた十支族（実際は一二支族）〟は、はるか東方のチベットや中国、そして日本にまでたどり着いたと多くの研究者が推測している。アミシャーブの創設者の一人のラビ・エリヤフ・アビハイル氏らの探索によると、アフガンとパキスタンに住むパタン族（一五〇〇万人）、カシミール族（五〇〇〜七〇〇〇万人）、インド・ビルマ国境のシンルン族（一〇〇〜二〇〇万人）、中国から逃亡してきたビルマのカレン族（六〇〇〜八〇〇万人）、中国四川省の珉江《みんこう》のチャン・ミン族（二五万人）などがユダヤ十支族の末裔と確認されている。パタン族には十支族の名からきたとされるラバニ（ルベン）、シンワリ（シメオン）、レヴァニ（レビ）、ダフタニ（ナフタニ）、ジャジ（ガド）、アシュリ（アシェル）、アフィリディ（エフライム）などの部族名が見られ、十二の支族からなるという。中国のチャン・ミン族（羌族）は、昔唯一神を信じ、古代イスラエルと同じ法律や風習をもつとされる。悩みの日には神をヤハウェと呼び、かつては羊皮紙に記された巻物（トーラー）を有し、動物犠牲の風習をもっていた。司祭は白い服を着用、過ぎ越しの祭り、罪の清めの風習も行われていた。シンルン族とカレン族はこのチャン・ミン族が中国から逃亡したもので、シンルン族はメナシェ族とも称され、マナセ族の末裔とされている。彼らは自らをルシ（中国語で十支族）と呼び、神をヤァ（ヤハウェの短縮形）、祭司をアロンと呼び、過ぎ越しの祭りや動物犠牲の風習を有しているという。（6）これら南ルートとは別に北方ルートにも十支族の痕跡は見られる。E・オドルム氏の「日本人とは誰か」によると、十九世紀にクリミア半島で古代イスラエル人の墓が多数発見され、ある墓はルベン族のもので、墓碑銘によるとアッシリア捕囚の後、ガド、ルベン、マナセの半部族がクリミア半島にしばらく滞在、やがて中国に向かい、その後日本に渡ったという。この三部族は他の部族から離れて独自行動をとったことで知られるが、久保有政氏によるとキルギスには「マナス叙事詩」が伝わっており、キルギス人の父祖のマナスは父親がヤコブであることからマナセのことと考えられ、さらに〝昔二人の兄弟がいて、一人は山のほうへ行ってキルギス人の先祖となり、もう一人は海のほうへ行って日本人の先祖となった〟という伝承があるという。このキルギスの近くには秦氏がいたとされる弓月《ゆづき》の地があり、ユダヤ十支族～月氏～秦氏～藤原氏という流れが推測できる。南回りパタン族、シンルン族、カレン族、羌族なども最近の研究から一部残存部族で、本隊はもっと東を目ざしたと推測されている。北方ルートの〝失われた十支族〟は、アフガンのハボルやゴザン川からクリミア半島、そしてバルハシ湖近くの弓月の地やキルギスに滞在した後、北方遊牧民族として中国の秦漢時代に（あるいはそれ以前から）西北辺境に現われてきた。謎の遊牧民族の月氏である。「史記」によると、張騫《ちょうけん》が大月氏遠征複命書をしたためており、彼らはアム・ダリア川流域に落ち着き、北岸に王庭を据え、十万から二十万の弓を引く兵士を有し、一〇〇万人の土着の大夏人を支配下に置いていたとされる。しかし、遊牧民族の月氏ほど謎に包まれた民族はない（28）と言われ、その実体はほとんどわかっていない。ただ、西遷することのできなかった（バクトリア侵入時）少数の月氏、つまり小月氏が南山の羌族（チャン・ミン族）の下に身を寄せたことから羌族とのつながりが考えられ、また、秦河勝の中楽のルーツが月氏～中国～日本と推測できるとの説もあり、秦氏と月氏とのつながりを主張する人もある。（29）世阿弥の「花伝書」に〝先づ神代、佛在所の始まり、月氏、震旦、日域《じちぬき》に伝はる狂言綺語をもて……〟とあるからである。世阿弥は本名は秦氏である。榎本出雲、近江雅和両氏によると中国の文献に〝白狄《はくてき》〟と記されている遊牧民族は、〝狄〟に〝鹿〟の意味があり、〝藤原氏は白い鹿に乗ってきた〟という伝承が「日本書紀」に記されていることから、藤原氏のことであるという。両氏は白狄をスキタイ・サカ族と考えているが、清朝を興したツングースで(30)、あくまでもセム系民族である。狄は後に中山国を建国する。この白狄が月氏とつながるかは今は不明であるが、両氏の考えは一考に値する。月氏の言語は、クチャ語ないしトカラ語とされる(29)が、月氏の〝月〟は秦氏を率いた弓月の君の〝月〟や藤原氏や宇佐氏の月読命信仰の〝月〟にもつながってくる。この月信仰はウル第三王朝の月神シンに遡ることができるが、セム系の民族の信仰した神である。

(二) 秦氏は月氏である

秦氏については数多くの人が興味をいだき、また、考察している。この古代最大の渡来氏族はわが国の政治、経済、文化、そして宗教に大きな影響を与えている。仲哀天皇の御代、始皇帝十四世の孫の功満王《こうまん》が渡来、その子の融通王《ゆうづう》は養蚕や絹織物を伝えたとされる。また、応神天皇の御代には、始皇帝一六世の孫の弓月君が朝鮮半島から一二七県の人々を連れて渡来している。一二七県の人々については諸説があるが、数万人と考えられる。この秦氏についてはユダヤ系との説が強い。彼らが本拠地の一つとした京都の太秦《うずまさ》の大酒神社はもともと大辟神社と書き、大辟大明神と始皇帝が祀られていたが、中国における漢訳聖書ではダビデ王を〝大闢(ダヴィ)〟と表記しており、門構えが取れると〝大辟〟となり、大辟大明神がダビデ王のことと考えられるからである。また、始皇帝もユダヤ系レビ族の血と考える人も多い。始皇帝の母親は呂不韋《ロフィ》が秦の荘襄王に皇后として献上した時、すでに呂不韋の子をみごもっていたとされ、始皇帝の真の父親は呂不韋である。鹿島昇氏が〝呂不韋がオクシァルトで「呂」がレビを表わす。「史記」にも始皇帝は鷲鼻であったと記録し、ユダヤ人だったことになるであろう〟と述べ、また、彩明日迦《さいあすか》氏も、〝始皇帝の父の呂不韋が誰であるか。彼は名前にはっきりとその出自を示している。「私はレビ族である」と呂不韋ははっきり語っている。レビ→レヴィ→レフィ→レフイ→リョフイ→呂不韋〟としている。秦氏は自ら秦の始皇帝の末裔と名乗って「新撰姓氏録」などにもそのように書かれている。一方で、秦氏は原始キリスト教徒でもあったとされ、アッシリアによって捕囚された後、イエスの福音を聞いて同じユダヤ人としてキリスト教徒になったとされる。鹿島昇氏は〝アレキサンダー大王の東征にシメオン族が従軍し、アフガニスタンにバクトリア王国を建国した。バクトリアが大秦国と称されたことから秦はその分国であった〟としているが、始皇帝以前の秦はシメオン族などのユダヤ十二支族の連合体であったとも考えられる。バクトリアは紀元前二世紀頃、スキタイ（サカ）族によって滅ぼされたが、スキトラボン氏は大月氏をバクトリアを滅亡させた四部族の一つとしており、後にユダヤ十二支族が流れ込んだ地である。つまり、秦氏はレビ族だけの氏族ではなく、〝失われた十支族〟を含むユダヤ十二支族の集合体と考えられるのである。秦氏のもとは月氏であると先に述べたが、月氏がバクトリアに西遷した時、南山の羌族（チャン・ミン族）の下に残留した小月氏について、久慈力氏は次のように述べている。

「月氏国はもともと秦国と交易や同盟関係において密だったので、小月氏の国王は秦王朝に保護され、辰（秦）王を名乗った。小月氏は秦が滅びると匈奴に追われ、二世紀に中国の遼寧地方から海のルートを通って朝鮮半島の西海岸に上陸、三世紀に最西南端の木浦付近に馬韓の一国である月氏（月支）国を建てた。月氏は四世紀には百済の馬韓統一に協力、百済王朝に入り込み、五世紀中頃日本列島に本格的植民を行なった。月氏の一部は百済と融合、高級官僚、軍幹部に成り上がった。」（「シルクロード渡来人が建国した日本」現代書館）

つまり、江上波夫氏が「騎馬民族征服説」で満州の扶余から北九州にいたる天皇家の渡来ルートで、韓半島の拠点とした月支国と辰王は、実は秦氏、後の藤原氏の拠点であり、その王だったのである。〝月支国〟は〝月氏国〟であり、〝辰王〟は〝秦王〟だったとの見解である。この辰王について「魏志東夷伝：辰韓・弁韓」は次のように記している。

「辰韓は初めは六ケ国だけだけあったが、しだいに分かれて十二国になった。弁辰もまた十二国である。……弁辰韓あわせて二十四国で、……合計四、五万戸である。そのうち十二国は辰王に属し、辰王は常に馬韓人を用いている。辰王は世々代々続いているが、自立して王になることはできない。」（「魏志東夷伝：辰韓・弁韓」）

新羅、百済、高句麗の三国が鼎立《ていりつ》する以前の朝鮮は、馬韓、弁韓、秦韓の小国が分立した状態で、後に馬韓が統一されて百済が誕生し、秦韓から新羅が生まれ、残った弁韓が任那と称された伽那諸国ではないかと推測されているが、辰王の月支国は馬韓五十五ヶ国のうちの一国にすぎなかったが、弁韓、秦韓（辰韓）のうちの十二国を統率していたとされている。ただ、実力的には辰韓、弁韓の王となることができず、数百年の間、流移の人で、馬韓の周辺の大領主の牽制をいつも受けていたという。秦韓や弁韓の十二国の民について、自ら秦の亡人と称しており、始皇帝による万里の長城の苦役を逃れて南下した弓月王国の秦氏（月氏）の民で、馬韓が憐れんで東の地を割いて住まわせたと記録されている。ここで気になるのが、辰王に属した弁辰十二国の〝十二〟という数で、ヤコブの子孫のユダヤ十二支族を思い起こさせる。ユダヤ人は捕囚後もユダ族、エフライム族などの部族ごとにまとまって行動しており、そのことはアフガニスタンのパタン族などで今も見られる。辰王が月氏（秦氏）のユダヤ人の王と考えれば、それに統率された弁辰十二国とは、ユダヤ十二支族に対応していると考えてもよいと思われる。

このユダヤ十二支族はこの後北九州から瀬戸内海を東進し、播磨の赤穂に上陸するが、久慈力氏によると今でもそれを記念して〝坂越の船祭り〟が行われており、その祭りの社家は十二家であるという。また、秦河勝が蘇我氏による聖徳太子一族滅亡の難を逃れて、播磨の坂越に流れ着いた時、彼を迎え入れたのも十二家だったと氏は記している。

久慈力氏は、月支（月氏）は百済の馬韓統一に協力し、百済の高級官僚、軍幹部として百済を支えたと述べているが、鹿島曻氏が主張したように百済が扶余族が入り込んで建国した天皇家の国家であったのだから、天皇家と秦氏（月氏）、後の藤原氏とのつながりはこの時点で生じたと考えられる。扶余（天皇家）と月氏はそれ以前にも同盟を結んだりしているが、強固な結びつきは百済統一からと考えられる。古代天皇家と百済の結びつきについては多くの研究者が言及しているが、藤原氏も百済とは深い関わりがあるようで、中丸薫氏は藤原鎌足について次のように述べている。

「山背《やましろ》倭王の晩年『書紀』に〝客星《まろうと》が月に入り、朝廷が百済使人《つかい》の大佐平、智積《ちしゃく》らを饗応した〟とある。〝客星が月に入る〟とは凶事の侵入を言う。大佐平とは太政大臣にも匹敵する高位で、この智積は『書紀』では皇極元（六四二）年、二月の条に前年に死んだとある。百済で死んだはずの智積がいきなり倭国に姿を現して、朝廷で饗応され、帰り道に翹岐《ひょうぎ》（中大兄皇子）の屋敷に寄っている。この智積こそが鎌足のことである。智積は百済、義慈王の山背王朝打倒の密命を帯びて来倭したから、凶事であった。」（「古代天皇家と日本正史」徳間書店）

「日本書紀」に六四五年の乙巳《いっし》の変で、古人大兄皇子が中大兄皇子に対して〝韓人《からひと》、鞍作臣を殺しつ。吾が心痛し〟と言ったと記されており、この〝韓人〟について種々な解釈がなされているが、中丸氏のように中大兄皇子を百済の王子翹岐と解すれば、そのまま単純に納得できる。

さて秦氏の月支国の辰王であるが、鹿島曻氏は〝箕子《きし》朝鮮が衛氏朝鮮によって亡びた後、シャキイ族の王によって馬韓の統治を任された辰王の上将卓が秦韓の秦人（逃亡してきた秦氏）を従えて、馬韓を経て九州の北西部の吉野ヶ里から鳥栖にかけて、背振山脈から鳥栖にかけての地に奴国または倭奴国をたてた〟としている。「旧唐書」に〝倭国は倭奴国であった〟と記され、「新唐書」に〝日本は古の倭奴である〟と述べられているのがこれである。鹿島氏は〝秦氏が倭奴国をつくり、そこに漢の武帝に征伐された蒼悟の秦王の下にいた秦人と猺《ヤオ》族の一部が合流した〟とし、さらに〝倭奴国は扶余王仇台（神武天皇）の九州上陸の時に国土を護って、九州から中国地方をへて大和地方に移動し、伊倭または別倭といい、毛人を征伐しながらとり込んだ〟としている。この扶余王仇台（神武天皇）に先立って日本に渡来し、天皇家の天孫降臨の露払いの役を果たしたことになる辰王の卓は、どうも記紀神話の猿田彦の姿と重なってくる。

鹿島氏も猿田彦は九州にいて、その後伊勢に移動したと述べている。この天皇家に先立って渡来した秦氏は、北九州に秦王国を立てるが、七世紀初めに遣隋使の小野妹子を送って来日し、日本に秦王国が存在すると報告した隋使の裴世清《はいせいせい》の言う国がこれである。七〇二年（大宝二年）の戸籍台帳によると、豊前国の八十五パーセントが秦氏とその係類であったとされている。ただ、このユダヤ十二支族の秦氏の国の成立は、鹿島氏によると、辰王の卓の渡来した二世紀をさらに数世紀遡るようで、氏とは見解を異にするが、筆者はそれをインド十六王朝の一国のカーシー国の流れと見ている。鹿島氏によると、

「カーシー族は宇佐の蛇神トウビョウのルーツとすべき蛇神トゥレンを祀っている。グルドンは〝カーシー族は背があまり高からず、骨格たくましく、その風貌は日本人に酷似する〟と言っている。カーシー族は十六王朝時代にインドのベナレスを中心にアーリア人の王朝のもとでカーシー国をたてた。カーシー族は古代エジプトの有肩青銅斧に類似する有肩石斧を用いて稲、オオバコ、玉蜀黍、バレイショ、粟などを耕作している。カーシー族は古代エジプトの農業カーストだったのではないか。ヒクソスがアラビア海に逃れ、ガンジス川流域に入植したのであろう。カーシー族は女性の族祖をもつ氏族に分かれ、共同の墓地を有し、巨石遺跡を建設する。」

（「倭と日本建国史」 新国民社）

とされるカーシー族だが、氏は月氏も別に〝禺氏《カシ》〟と書き、この〝カシ〟はカッシュ人のこととの説が十九世紀のヨーロッパでは主流だったとしているが、この〝禺氏《カシ》〟はむしろカーシー族と考えられる。月氏が中国の古典に〝禺氏の玉〟という慣用句を残しているが、月氏イコールカーシー族でともにユダヤ十二支族の流れと解すれば、最もよく理解できる。氏は〝カーシー族はヒクソスであった〟としているが、ヒクソスはハム系のエジプト王朝に侵攻したセム族であった。カッシュ人（カッシート）はハム系で、わが国の物部氏であった。このインドのカーシー国は、コーサラ国に滅ぼされ、さらにコーサラ国とともにマガダ国に併合されていく。わが国で物部氏となるカッシュ人のマガダ国に従属し、それに引き連れられて日本に渡来したと考えれば、「先代旧事本紀」に中臣氏は天皇家ではなく、物部氏に付き添って降臨したという記述に合致する。カーシー族の蛇神トゥレンは、宇佐の蛇神トウビョウとなったと鹿島氏は述べるが、宇佐氏は中臣氏と同族である。澤田洋太郎氏は〝豊前の仲津郡に中臣郷があり、そこが中臣氏の原郷らしい〟としている。「宇佐氏古伝」の中で宇佐公康氏は、宇佐氏は明石原人系の流れを汲んで、日本最古の原住民族で、紀元前四千年には安芸国を拠点として、山陽、四国、北九州から日南地方にまでその支配が及んでいたと書いているが、年代は別にしてこの宇佐（菟狹）族とカーシー族がどのように結びつくのか興味深い。鹿島氏によるとこの秦王国は、一時期邪馬台国と併立、後の裴世清の見聞した秦王国へとつながっていく。

（三）藤原氏は秦氏である

聖徳太子に側近として仕え、能の創始者としても知られる秦河勝をはじめ、古代において政治、経済、文化あらゆる方面で歴史に名を残した秦氏がやがて歴史の表舞台から消え、その消息が知られなくなったことに関して、何人かの識者から秦氏は消えてなくなったのではなく、藤原氏になった、または、藤原氏に吸収されたという説が唱えられているが、筆者もこれに賛同する。鹿島曻氏は〃秦王国の秦氏は白村江後の日本新国において、藤原氏の中に流入して後までも政治権力を温存した〃と述べ、久慈力氏も〃秦氏は権力闘争や疫病で藤原氏が弱ったときに、その一部が藤原氏になり代わったと考えられるので、両者はほとんど融合、合体している〃としている。藤原でありながら秦氏を名乗ったり、秦氏でありながら藤原を称した例もある。藤原秀郷五代の孫で従五位下相模守の公光の子の経範《つねのり》は、波多野（秦氏）経範と称し、子孫は東国の一武士団として発展したが、経範の孫の成親は「千載和歌集」に藤原成親として歌が載っている。波多野氏の公式名が藤原氏だったとされている。（31）また、讃岐の一宮の田村神社の宮司家は秦氏でありながら藤原姓を唱えており、他にも多くの例があるという。（24）久慈力氏によると秦王国の秦氏が瀬戸内海を東進して、最初に上陸した地が播磨の赤穂の坂越で、その後山城に移住したという。その時の様子を今に伝えるのが坂越の船祭りで、行列の順序は猿田彦、獅子舞、頭人、四神幡、船歌組、威儀物、楽太鼓、御神輿、祭員、宮総代などと続き、船祭りの社家は大避神社の宮司に準ずる家とされ、十二家の子孫からなるという。氏は十二支族の一つのユダ族の紋章は獅子であり、獅子舞を先導する猿田彦はユダ族のリーダーであるとしているが、一方でシメオン族はヤマン（イエメン）を出身地とし、シメオン族はアラブ語で〝シマン〟と発音され、志摩にはダビデ紋を神紋とする伊雑宮《いざわのみや》がある（32）として、伊勢の猿田彦とシメオン族のつながりを言及する人もいる。伊雑宮は伊勢神宮の元宮である。なお、「播磨風土記」によると秦氏の弓月の君が一二七県とともに上陸したのは、赤穂市の尾崎の浜とされている。

雄略朝の記録に秦氏は二万人足らずとあるが、実際はもっと多かったとも言われている。秦氏の名が表舞台に出てくるのは、欽明朝になってからで、大王の側近として秦大津父《おおつち》が登場する。欽明天皇は幼い時、〝秦大津父を寵愛すれば、壮年になってから天下を治めることができる〟という夢のお告げを受けたとされる。この大津父の孫が秦河勝で、聖徳太子に側近として仕え、京都の太秦《うずまさ》に広隆寺を建立、また能の創始者として古代秦氏の中でも最も名が知られた人物である。「古語拾遺」によると、雄略天皇の時に蘇我満智に三蔵の管理を命じたが、その時秦氏に倉庫の物を出納させ、以後大蔵の仕事に関わったことを通じて秦氏は蘇我氏に接近していったという。(24) 秦氏の系図においては、政治、経済、文化などに多くの人材が見られるが、とくに宗教関係に傑出した人物が出ている。伏見稲荷大社は秦伊呂具によって、松尾大社は秦都理《とり》によって創建されたが、二人は兄弟である。白山神社を創建した泰澄も、秦氏または三神氏とされている。東大寺を開いた僧侶の良弁《ろう》も若狭出身の秦氏である。また、西陣織り、和紙を始めたのも秦氏で、能の世阿弥も本名は秦氏である。秦氏の〝ハタ〟の名の由来については、種々な考えが出されているが、ユダヤのヘブル語発音が〝エフダ〟で、それが中国風に訛って〝ハダ〟と転訛したともいわれる。ともあれ、雄略朝の時に各地に分散していた秦氏一族一万八千人を京都に集め、山背の太秦に住まわせた流れが、やがてわが国最大の氏族藤原氏へと発展していったというのが史実であると思われる。

さて、筆者はユダヤ十二支族~月氏、カーシー族~秦氏~藤原氏という血脈の流れを推定しているが、ユダヤ十二支族がどの地にあっても十二の部族に分かれ、その独自性を維持してきたことを考えると、藤原氏の中にもその十二の流れが見られると推測している。が、藤原氏の系譜は未だすべてが明らかにされておらず、ためにいくつかの支族の流れは推測できても、未だ全容を明らかにすることはできていない。しかも、明らかにした系譜も一部は家紋の類似ぐらいにしか根拠がなく、この系譜の解明はなかなか困難をきわめるものである。以下、推測した範囲で記述していくが、あくまでも推測であって、解明は今後の課題であることを頭に入れておいて頂きたい。

〝失われたユダヤ十支族〟を捜すアミシャーブのラビ、エリヤフ・アビハイル氏によると十二支族はそれぞれ次のような特色を有していたとされる。ユダ族は精神的な王国の指導者で、他の支族から尊敬され、十二支族をまとめあげていたという。ヨセフの流れのマナセ族とエフライム族は物質的な必要を満たす指導者だったという。とくにエフライム族は戦士として知られ、勇猛果敢さについては数々の伝説があるという。ベニヤミン族は物質的な世界の中の精神的な方向性を体現しているとされる。レビ族は貴族的な氏族で名士を輩出し、裕福だったという。ゼブルン族は農業、職人、御者といった仕事に携わっていたという。ガド族は山岳地帯で農業を営んでいたとされ、アセル族は商人として知られていたという。これらはいずれもアフガニスタンの十二支族の末裔の特色であるが、これらの特色が秀郷流、利仁《としひと》流、山陰流、良門《よしかど》流、為憲《ためのり》流、兼通《かねみち》流、道兼《みちかね》流などの藤原氏の諸流派とどのように対応しているのか未だ明らかにはできていない。また、藤原北家の五摂関家とそれに次ぐ七清華家で合わせて十二家になるといっても、五摂関家は同じ系譜から分かれており、七清華家の一つ久我《こが》家は村上源氏である。摂関家、清華家に次ぐ大臣《おとど》三家のうち中院《なかのいん》家は村上源氏で、残る三条西家と正親町《おおぎまち》三条家がもとは同じ家系であったことから、近衛、九条、二条、一条、鷹司《たかつかさ》の五摂関家と転法輪三条、西園寺、徳大寺、花山院、大炊御門《おおいみかど》、今出川の六清華家（久我を除く）と三条西（正親町三条）の一大臣家の十二家にユダヤ十二支族との対応が考えられるのか、未だ結論は得られていない。そもそも藤原氏についての著作自体が意外と少なく、この問題はなかなか解明できそうにないが、以下推測の範囲でつづっていく。

文武天皇は鎌足～不比等の嫡流を政治担当氏族として藤原氏とし、庶流は旧の中臣氏に戻して祭祀を担当させたが、この政治担当の氏族で後に道隆や道長の時に藤原氏の全盛を築く血脈がユダ族を中心とするものであることは想像できる。ユダ族は精神的な指導者で十二支族をまとめあげていたとされる。この流れの近衛氏や鷹司家はともに牡丹紋だが、牡丹は〝花王《かおう》〟とされ、後にユダ族の紋章の獅子（ライオン）とともに唐獅子牡丹として描かれてきた。ただし、唐獅子牡丹は室町以降とされ、また近衛、鷹司に他の支族の血脈がどのようにからんでくるかはつかめていない。一方、祭祀担当、とくに伊勢神宮に関わった中臣氏は十二支族の中の祭司を担当したレビ族の血脈以外には考えられない。ユダヤ教では今でも祭祀はコーヘン、またはレビが担当している。コーヘンは初代の大祭司アロン（モーゼの兄でレビ族）の子孫だが、コーヘンが犠牲や奉納などを、レビが歌や楽器を担ったとされる。宮中祭祀の楽団が秦氏であることはよく知られている。この祭祀の中臣氏には、不比等の弟の祭国子、鎌足の弟の垂目、鎌足の叔父の国子などの系譜がある。レビ族は十二支族の中に散らばっていった支族であった。

小谷部全一郎氏以来、〝帝《ミカド》〟の〝ミ〟が英語のfromになることから、〝ガド出身〟の意になるとして、天皇家をガド族の末裔とする人が〝日ユ同祖論〟者に多いが、このガド族は土師《はじ》～大江～毛利の血脈であると推測している。江戸幕府老中の太田資宗が〝驚目申し候。誠に御家の御規模、これに過ぐべからずと存じ候〟と書いたきらびやかな家系の毛利家は、遠祖に天照大神《あまてらすおおみかみ》とスサノオの子天穂日命《あめのほひ》をいただき、野見宿禰《すくね》、大江匡房《まさふさ》、大江広元（藤原氏から入嗣）などが出、家系は神別、血統は皇別とされている。大江広元（源頼朝の側近）の四男季光《すえみつ》が相模国毛利庄（厚木市）を領した際、毛利氏と改姓、季光の四男経光が安芸国吉田庄を領し、後に元就などが大藩への道を切り拓くことになる（33）が、もともとは葬祭に従事した土師部《はじべ》であった。天穂日命を祖とするという伝承も、一族の血脈に命を迎えたのであって、本流は別の血脈である。水上涼氏は〝ガド族は浅草神社の氏子になった。浅草神社の花紋の一つの三つ網紋は、ガド族の項上に旗をなびかせた三幕舎紋にそっくりだ〟と述べているが、「浅草寺縁起」によると推古三六年、武蔵国の宮戸川（隅田川）で漁をしていた土師《はじ》臣真中知《まっち》と家来の二人の兄弟の網に観音像がかかり、それが本尊の聖観世音菩薩であるとされている。浅草寺と土師《はじ》氏（大江、毛利氏）とのつながりが語られている。ガド族はマナの壺を継承し、その形に似せた前方後円墳を造った氏族とも言われるが、墳墓に関わった葬祭担当の氏族であった。防府市に毛利氏の仕えた玉祖《たまのや》神社があり、玉造りの神を祀っているが、勾玉の形はヤハウェを表すヨッド（❜）

の形をしていた。毛利家の家紋の〓は、キリスト教の三位一体を表わすと言う人もある。

「日本書紀」に十一代垂仁天皇の前で、野見宿禰《すくね》と当麻蹶速《たいまのけはや》が組打ちしたのが相撲の始まりで、野見宿禰《すくね》が埴輪を考案し、土師宿禰《はじのすくね》と賜姓され、子孫は天皇家の喪葬関係を担うようになったと書かれているが、桓武天皇の時に土師宿禰古人《はじのすくねふるひと》らが土師《はじ》姓を嫌って居住地の菅原の姓に改姓を願い出たとされる。さらに同族の土師宿禰安人《はじのすくねやすひと》は秋篠と改姓したという。奥富敬之氏によると菅原氏は惟宗《これむね》氏、つまり薩摩の島津氏の祖に改姓しているが、この土師《はじ》〜菅原〜惟宗の流れはユダヤ十二支族のマナセ族の血脈と考えられる。十二支族の中でもガド、マナセ、ルベンの三支族は独立志向が強く、他の部族とは離れて行動し、しかも三支族が共に行動したとされている。大和岩雄氏によると、大隅国（薩摩）には秦王国の人々が移住しているという。

「『続日本紀』に和銅七年の記事として、〝隼人は昏荒野心にして、未だ憲法《のり》に習はず、因りて豊前国の民二百戸を移して、相勧め導かしむ〟とあり、……大隅の地には、大隅国の創立以前から秦王国の移住者がおり、文武三年の頃には稲積に城を築いていたが、和銅六年（七一三年）の大隅隼人の反乱で、豊前の秦王国から移住した人々は危険にさらされた。そこで彼らを守るため、和銅七年に豊前の人々が五〇〇〇人ほど移住したのであろう。……〝カゴ島〟という地名の〝カゴ〟は朝鮮語で銅を意味するが、……豊前の秦王国から来た人々による地名であろう。

……惟宗氏は秦氏が改姓した呼称で、『三代実録』元慶七年十二月二十五日条に見える。」（「日本にあった朝鮮王国」大和書房）

ここで言う秦王国は、隋使の裴世清の〝竹斯国に至り、又、東して秦王国に至る。其の人華人に同じ〟の秦王国であるが、〝華夏（中国）〟と同じ習俗であったと「隋書」に記録されており、秦氏が中国や朝鮮からの渡来氏族であることがわかる。薩摩の島津氏について、惟宗氏の出という説の他、源頼朝の御落胤説があるが、頼朝の御落胤とされた島津忠久は、惟宗忠康の実子だったといわれる。島津氏の管理した島津荘の荘園領主は近衛家で、島津家は鎌倉時代には藤原氏を称した。この秦氏～惟宗氏～島津氏がマナセ族と推測されるのは、惟宗氏（菅原氏）がガド族の土師部《はじべ》の別れであり、マナセ、ガド、ルベンの三支族が同一行動をとってきたことからの推測である。久保有政氏によるとキルギスには日本の「山幸彦・海幸彦」にそっくりの伝説があるという。昔二人の兄弟がいて、一人は山のほうへ行ってキルギス人の先祖となり、もう一人は海の方へ行って日本人の先祖になったという。氏は二人の兄弟をマナセとエフライムとしているが、ガド、マナセ、ルベンのいたクリミア半島を通るシルクロードの北方ルートは、キルギスあたりの秦氏のいた弓月の地を通ることは氏の述べる通りである。キルギスの「マナス叙事詩」の二人の兄弟をマナセ族の二人の兄弟と解せなくもなく、マナセ族が秦王国から薩摩へと移動したと推測できる。「山幸彦・海幸彦」の神話は、南九州の神話であった。久保氏によると、キルギス語と日本語の間には、意味と発音が同じ言葉が数千もあるとされる。菅原道真を祀った北野天満宮に鎮座する牛は、菅公が丑《うし》年に生まれ、丑年に死んだことに由来すると言われるが、マナセ族の紋章の野牛に由来するとも解せれる。一般には受け入れられていないが、島津氏の⊕紋が、キリスト教の十字架に由来すると主張する人もある。これは何も突拍子のない話ではなく、藤原氏の家紋をよく見ると、藤の花の茎の部分に十字架が組み込まれているように見える。(29)秦氏は原始キリスト教徒であった。惟宗忠久が日向、薩摩、大隅の守護となり、日向の島津荘に赴任して姓として以来八百年も大名として続いてきた家柄は皇室か英国の王室ぐらいしかないと言われるが、ユダヤ十二支族のマナセ族とすれば、幕末の薩長同盟はかつて一緒にシルクロードを移動したガド族とマナセ族の先祖返りであったとも解せられる。

毛利、島津と枝分かれした秋篠氏は残りのルベン族とも推測できるが、ルベン族についてはよくわからない。

ゼブルン族は四国の長宗我部氏と思われる。ともに帆掛船《ほかけぶね》紋である。長宗我部元親のルーツは秦河勝《かわかつ》で、山城国稲荷神社の禰宜の祝《はふり》の秦伊呂具の子孫が信濃国更級郡小谷郷に移り、治《はる》田神社を祭ったが、平安末に秦能俊《よしとし》が一族を束ね、鎌倉初めに四国に移住し、土佐国長岡郡宗部

郷（南国市）に根を下ろしたとされている。(34)

アシェル族は井伊氏、小寺氏（播磨）、薬師寺氏などにつながると考えられる。アシェルのオリーブの木紋が三氏の橘《ミカン》紋になっている。井伊氏は遠江引佐《いなさ》郡渭井《いい》郷が発祥の地で、浜名湖の東北にあたる。直政は孤児として流転し、無名の境涯から家康に見い出されたが、井伊氏は藤原氏の末裔とされている。鎌倉時代の日蓮は、この井伊家の出で、日蓮宗の寺院には橘紋が使われている。ちなみに、法然の母は秦氏であり、親鸞の父の日野有範は宇治郡日野村出身で藤原氏の分かれである。小寺氏は播磨の秦河勝を迎えた十二家の一つであるが、赤穂のルーツのアコはアシェル族の住む商業都市であった。(29) 黒田官兵衛、長政の黒田氏は近江国の出身で、宇多源氏《うだげんじ》、佐々木氏の分流の京極氏の庶流で、備前国福岡から播磨の姫路に移ったとされているが、一方で小寺氏に仕え、同じ橘紋であるとされている。

ナタリン族は藤原秀郷（俵藤太）に始まる秀郷流藤原と推測できる。ナタリンの雌鹿紋が秀郷の鹿角紋になっている。藤原秀郷は平将門を討伐した武家藤原の代表だが、この流れから佐藤（左衛門尉の藤原）、伊藤（伊勢の藤原）、近藤（近江の藤原）の姓が生まれている。左衛門尉藤原文行の子の相模守公光とその子の左衛門尉公清が佐藤姓の祖で、秀郷の後裔基景が伊勢に移って伊藤姓の祖となり、秀郷四代の子孫の修行が近江掾《じょう》となり、近藤太と称したのが近藤姓の祖とされている。ただし、全国に数十万いるといわれる佐藤（この姓は数百万前後）、伊藤、近藤姓の人の大半はこの血脈とは直接には関係ない。明治になって苗字の必称を課する法律が出た時に全国民の九十四パーセントは苗字を有していなかったとされている。(35)そこで、あわててかつての領主の名前や付近の地名を苗字にして届け出たのであって、苗字と血脈は直接には結びつかないのである。先の菅原姓にしても、天満宮の氏子がそろって菅原を姓として届けられた例が各地にあったという。菅原姓のすべてがマナセ族の血脈とは言えない。江戸時代、農民が八十五パーセントを占めたが、農民には苗字はなかった。ただし、洞富《ほら》雄氏の研究によって、苗字を持っていたが、名乗らなかっただけともされるが、国民の八、九割はもともとの日本人で、苗字を有した渡来系氏族は、貴族や武士などの一割前後だったというのが筆者の主張である。日本に君臨した支配層としての一割とは、アダムとイブの血脈、ノアの子のセムとハムの血脈である。中国では歴代王朝は非漢民族だったが、国民の九割前後は農耕民族の漢民族が占めた。ロシアでは、ロマノフ王朝下、国民の八、九割が農奴として支配されたが、ロマノフ王朝はローマ人とノルマン人の血脈の非スラブ王朝だった。イギリスでは、一〇六六年以来、ノルマンのデーン人（バイキング）がアングロ・サクソンのイギリス人の上に君臨してきているが、デーン人の王族や貴族は一割にも満たないとされている。

さて、残りの十二支族のうち、ダン族は利仁《としひと》流藤原の藤原利仁の流れになると推測している。ダン族のマムシ紋が、利仁の蛇《じゃ》の目《め》紋になっている。鎮守府将軍で越前の豪族の利仁が加賀を勢力範囲にし、加藤姓（加賀の藤原）の祖になったとされている。彼の子の叙用《のぶもち》は伊勢神宮の長官の斎宮頭《かみ》になって、斎藤姓の祖になったと言われている。

シメオン族は猿田彦の流れで、天孫降臨を先導した後、北九州から伊勢に行き、伊雑宮を建立したと思われる。シメオンはアラビア語でシマン（志摩）と発音した。猿田彦の末裔が宇治土公で、その伝承にユダヤ的要素は見られないが。

最近、三井家（三井財閥）がベニヤミン族の末裔という主張を目にしたが、その根拠が示されておらず、正否のほどはわからない。三井家は道長の五世の孫信忠の子が右馬助信生と称し、大和の三井村を領してその姓にしたとされる。十五代目の乗定《のりさだ》の時、近江の佐々木氏より高久を養子に入れ、源姓の武士となったが、江戸初期に高俊が町人となり、松坂で酒造業を開き、江戸や大阪に進出したという。(36) この流れの中に、ベニヤミン族の血脈がどう関わっているのであろうか。三井系の三越のライオン像は、イギリスのトラファルガー広場のネルソン像に由来し、ユダ族の紋章とは関係ないというのが広報担当の話であった。

江戸時代、藤原系の藩主は八十七家あったとされるが、仙台の伊達氏、越後の上杉の流れの米沢の上杉氏、三河の大岡氏（忠相で有名）、大和の柳生氏、土佐の山内氏（一豊で有名）、対馬の宗氏などが藤原系とされている。(36) これ以外にも加賀の前田氏は、菅原道真の子が大宰府の九州から尾張へ移ったのがルーツとされている。前田氏はマナセ族の血脈かと思われるが、他の氏族については今はきちんとつかめていない。藤原氏の中のユダヤ十二族の血脈については、筆者の今後のテーマとしていきたい。

(四) 藤原氏と北極星・北斗七星信仰

「日本書紀」に、藤原氏の先祖は天之御中主尊《あめのみなかぬし》で、その九代後が天児屋根命と記され、天児屋根命から十二代目の跨耳命《ごじの》が卜部姓《うらべ》を賜わり、さらに二十代目の常磐大連《ときわのおおむらじ》が中臣姓を賜わったと一般にはされてきている。(31) しかし、天之御中主神《あめのみなかぬし》は天皇家の神であって、臣下の藤原氏の神ではない。藤原氏の神は、高御産巣日神《たかみむすび》であり、スバルではなく、北極星や北斗七星信仰である。「先代旧事本紀」によると中臣氏と同族の宇佐氏は高魂神(高御産巣日神《たかみむすび》)を祖神としたとされるし、宇佐公康氏も「宇佐氏古伝」の中で、菟狹(宇佐)族は高皇産霊尊を始祖とすると述べている。それが書紀で、天之御中主尊《あめのみなかぬし》にされているのは、藤原氏が古代より天皇家と血縁関係にあり、天皇家と同体といってもよい家柄であること、また、わが国の古書に高御産巣日神は天之御中主神《あめのみなかぬし》の御子と書かれていることによると思われる。(6) シュメール神話では、天神アンとエンキ(エア)は親子であったが、アンとエンキは天之御中主神《あめのみなかぬし》と高御産巣日神《たかみむすび》に比定された(「エヌマ・エリシュ」など)。

この高御産巣日神《たかみむすび》～天児屋根の流れであるが、ニニギノミコトにつき従って降臨したとされる藤原氏の祖の天児屋根は、北沢方邦氏によると中国で天帝を天蓋とする小熊座を意味するという。北極星が位置するのが小熊座である。北極星が乗る舟とされてきた北斗七星（大熊座）について、北沢氏は次のように述べる。

「北斗七星はウケフネまたはトリフネとされ、伊勢外宮の拝殿に刻まれている。トヨウケとは豊かなウケフネの意で、それがトリフネであるのは、かって八乙女と呼ばれた天の乙女たちは、シラトリ（シラサギ）となって天降ったからである。そのうち、トヨウケのみが羽衣とも呼ばれる翼を奪われ、一人地上に残ることになった。天に帰った七乙女がウケフネまたはトリフネとして今なお輝いている。」（『古事記の宇宙論』平凡社新書）

有名な〝天の羽衣伝説〟だが、伊勢外宮の豊受大神《とようけの》は雄略天皇の時、神託により丹波国比治真奈井《ひじのまない》原から伊勢に移されたとされるが、この真奈井原に〝天の羽衣伝説〟が伝えられている。天女の一人が豊受大神である。この豊受大神は外宮の拝殿に刻まれている北斗七星に比定されているが、実は稲荷神社の宇迦之御魂大神と同一の神と見られている。宇迦に接頭語（美称）の豊をつけると豊宇迦となり、宇迦とは食物のことで、ウケと同じ言葉で、豊宇迦は豊受大神のことになるという。(37) そして、伏見稲荷神社を創建したのが秦伊呂具《いろぐ》であった。秦氏、すなわち藤原氏と北極星、北斗七星信仰がみてとれ、この北極星、北斗七星信仰が藤原氏の高御産巣日神《たかみむすびのかみ》で、天皇家のスバル信仰の天之御中主神《あめのみなかぬしのかみ》、物部氏のオリオン信仰の神産巣日神《かみむすびのかみ》と三位一体をなしたのであった。稲荷については、古来、稲の霊の再生を意味する稲生《いねなり》などの解釈がされてきたが、最近になって〝イナリ〟とは、十字架上のイエスの頭上にかかげられた〝INRI(ユダヤの王ナザレのイエス)〟からきた言葉という説を唱える人が多くいる。これも一見、荒唐無稽に思えるかも知れないが、稲荷神社を建立した秦氏が、〝失われたユダヤ十支族(実は十二支族)〟の末裔で、原始キリスト教徒であったという筆者のような見解、立場からすれば、十分に考えられることである。稲荷神社の鳥居の赤は、ヤハウェが羊の血の塗られたヘブライ人(ユダヤ人)の家々を過ぎ越していき、赤い血の塗られていないエジプト人の家の子供に死の災いをもたらしたという故事、後にユダヤ人の〝過ぎ越しの祭り〟に由来するという意見もある。京都の伏見稲荷神社は、神武天皇が東征の際に祈願したという伝説をもち、日本最古の神社とも言われる紀伊半島の、ある神社の摂社の三柱《みはしら》神社から勧請されているが、この神社にはモーゼの〝失われた聖櫃《せいひつ》〟の伝承があり、地元の出版本には、青年団が村おこし行事として穴を掘っていったという逸話が掲載されている。キリストの十字架が聖櫃と共に埋められているとの考えもあるようだが。にわかには信じがたい話で、地元の青年団も聖櫃の発見にはいたっていないが、ただ、モーゼの聖櫃は「旧約聖書」によると常にユダヤ人のレビ族によって奉斎されていたようで、ある時、異民族がそれを奪って逃走したところ、神の怒りに触れて次々と死者が出、あわててレビ族の下へ返しにいったという話があり、そのレビ族が秦氏としてわが国に渡来してきていることを考えると、〝失われた聖櫃〟が日本のどこかに隠されているとの主張も一理ある。神輿《みこし》と聖櫃は類似点が多い。この話を無条件に信じているわけではないが。ただ、稲荷のＩＮＲＩ説は、それほど荒唐無稽なこととは思われない。藤原道長の子孫の三井家（三井財閥）に関係するといわれる東京墨田区向島の三囲《みめぐり》神社には三柱からなる鳥居があり、キリスト教の三位一体（父と御子と聖霊）を象徴しているとの解釈が有力である。秦氏（藤原氏）とキリスト教とのつながりは、この他にもいくつかの点で見られ、もはや無視することはできないと考えられている。

わが国には古来より妙見信仰があるが、これは秦氏や藤原氏の信仰で、北極星や北斗七星を祀ったものである。久慈力氏は次のように述べている。

「赤穂の坂越の宝珠《ほうじゅ》山には妙見山があり、行基によって創建されたが、中腹には秦河勝の子孫の勧操が妙見大菩薩を祀った妙見堂がある。北斗七星と北極星が祀られている。……妙見信仰は藤原氏、秦氏、天皇家が積極的に取り入れてきた。日本の皇族や秦氏には北斗信仰が顕著である。明治以前には、四方拝として北斗七星を拝する習慣が皇族や貴族の間で行われていた。」（「蘇我氏はシルクロードから渡来した」現代書館）

現在、伊勢神宮の内宮には天照大神《あまてらすおおみかみ》が、外宮には豊受大神が祭祀されているが、これはとりも直さず天皇家と藤原氏の神であり、天皇家と藤原氏が一体であることを示している。この天皇家と藤原氏の一体化は、天皇家の正式な紋章である日月紋《じつげつ》にも見られる。金（太陽）と銀（月）の二つの丸が並んだ明治維新時の錦の御旗がそれで、太陽は天皇家の天照大神《あまてらすおおみかみ》を、月は藤原氏の月読命の象徴である。天之御中主神《あめのみなかぬし》と天照大神《あまてらすおおみかみ》、高御産巣日神《たかみむすび》と月読命は同じ系列の神である。ちなみに、神産巣日神《かみむすび》はスサノオ命の系列である。宇佐公康氏は月読命について、次のように述べている。

「ウサ神はウサギ神であり、月をウサギに見立て、月の満ち欠けや昼夜の別を目安として月日を数えたりする月読を天職として、ウサ族と称した。月読とは、毎晩月齢を数えることから生じた名称である。月読の名は、月を算定すること、暦をつかさどる神という意である。」（「宇佐家伝承古伝が語る古代史」木耳社）

宇佐氏や藤原氏と同族とされる月氏の〝月〟も月信仰に基づくもので、その源流はウルの月神シンと考えられる。シュメールのウル第三王朝において、シュメール人（天皇家）の天神アンとセム系氏族の月神シンが一緒に祭祀されていたが、天神アンは天之御中主神《あめのみなかぬし》であったから、現在の伊勢神宮の内宮と外宮の共同祭祀の源流が、シュメールのウル第三王朝に存在したことになる。ただし、ウル第三王朝のセム系氏族とは、アモリ人（後のアラム人）であって、わが国の大伴氏であった（ただし、大伴氏はアッカド人の可能性もある）。藤原氏以外のセム系氏族の大伴氏、葛城氏、蘇我氏、さらには平氏にもこの北極星、北斗七星信仰が見られるが、それでは何故藤原氏（ユダヤ十二支族）のみがこれほど天皇家と一体化し、千数百年にもわたって日本に君臨し得たのであろうか。そのわけを筆者は、ユダ族出身のイエスに見い出している。

前にも述べたが、キリスト教の正統神学はイエスの説いた天の父なる神をヤハウェ（エホバ）にしているが、これではキリスト教とユダヤ教が二千年にもわたって対立したことが説明できない。ユダヤ教ではイエスを救世主（キリスト）と今でも認めておらず、むしろ、イエスはユダヤ教にとっての裏切り者とされてきている。二十世紀後半になって、キリスト教とユダヤ教がようやく和解し、二〇〇〇年のメモリアル・イヤーにパウロ2世がエルサレムを訪問して、両者はようやく和解したことになっているが、どうしてそこまで対立してこなければならなかったのか。キリスト教もユダヤ教も同じ神ヤハウェを信仰しているのであれば、これほど根強い憎悪が生じるはずがないのである。実は、ここにキリスト教最大の秘密が隠されている。つまり、イエスの説いた〝天の父なる神〟は、ヤハウェではなく、別の神だったのである。イエスは、人類普遍の愛を説き、ユダヤ民族の選民思想を否定した。ユダヤ人のみが特にすぐれて、神ヤハウェから特別に恩寵を与えられているという排他主義を否定し、全人類を平等に愛したのがイエスの教えであった。ヤハウェはユダヤ民族（セム族）のみの神であった。三位一体のうちの〝御子〟にあたり、北極星の別名の〝ステラ・マリス（海の星）〟がノートル・ダム、つまり聖母マリア（〝御子〟の母）を意味している（7）ように、北極星信仰の神であった。セム系民族はエンキの北極星信仰であった。セム系民族はエンキの北極星、北斗七星信仰、ハム系民族はエンリルのオリオン信仰であった。では、イエスの説いた全人類への普遍的な愛をあらわす神はどのような神であったか。それは前述したように、〝天の父なる神〟とは〝天の中心に存在する神〟のことであって、太陽系の公転の中心であるスバル（プレアデス）信仰を意味していた。わが国の天之御中主《あめのみなかぬし》神であり、天皇家の神であった。イエスの説いた神は、セム系の高御産巣日《たかみむすび》神でもなく、もちろん、ハム系の神産巣日《かみむすび》神でもなかったのである。イエスはユダヤの密教であるカバラの秘密を公表したために処刑されたとも言われるが、カバラの三柱神がわが国神道で言うところの天之御中主《あめのみなかぬし》神（スバル）、高御産巣日《たかみむすび》神（北極星、北斗七星）、神産巣日《かみむすび》神（オリオン）にあたり、宇宙の中心とも言うべき創造神が天之御中主《あめのみなかぬし》神、カバラの均衡の柱にあたることを説いて、偏狭な民族主義者、あるいはダゴンやバール神信仰者の怒りにふれたのであった。後にキリスト教神学は、キリスト教の神、そして創造神はヤハウェと規定したが、イエスの真の教えは別であって、原始キリスト教徒のみはこの教えを理解していたと考えられる。〝失われたユダヤ十支族（実は十二支族）〟で、原始キリスト教徒であった秦氏、藤原氏は、イエスの教えによって天皇家の神である天之御中主神《あめのみなかぬし》が〝天の父なる神〟、宇宙の創造神であることを理解していた。このことが種々な氏族の中で藤原氏のみが天皇家と一体化し、天皇家の一番の側近、理解者、協力者として千数年にわたって歴史に君臨したきた理由と考えられる。（以上37参考）もちろん、これ以外にも、天皇家と藤原氏で縦の原理と横の原理、感性（直観）と論理、内向と外向、宗教と政治の役割分担がうまくいったことも考えられる。天皇家を支える汚れ役も必要だったのである。

なお、先に松尾大社を創建したのは秦都理であると述べたが、松尾大明神、日吉神社の大山咋神《くい》、下鴨神社の火雷神《ほのいかずち》、これらは同一の神であり、中東のバール、北欧のトール、エジプトのオシリス、インドのシヴァなどと同一神格で、わが国のスサノオに比定されるハム系の神である。セム系の秦氏がハム系の神を祀っており矛盾してくるが、実は下上賀茂神社はもとは秦氏の神社であったが、婚姻関係にある賀茂氏へ譲渡しており、しかも古代においては同一人物が文献によって秦氏であったり、賀茂氏であったりしている。賀茂氏は忌部氏の中でも最も重要な氏族とされるハム系氏族である。セム系とハム系は、基本的には対立関係にありながら、時と状況により協力し、婚姻関係も結んできている。ハム系の源氏の頼朝の下に、セム系の平氏の北条、梶原、三浦などの氏族が集結したように。秦氏と賀茂氏の関係もこれに似ており、秦氏系神社と賀茂氏系神社の関係は複雑に入り組んでいる（ユダヤ十二支族中、二支族はバール信仰に陥ったとされるが、この秦氏とはその二支族ということも考えられる）。中央の祭祀は中臣氏が忌部氏を追い出して中臣（藤原）氏が中心になったといっても、例えば大嘗祭をとりしきっているのは下鴨神社の賀茂氏である。（37）全国の神社の大半は、八幡神社、熊野神社、諏訪神社などのハム系、物部氏系神社で、セム系は稲荷神社など少数であり、天皇家の天之御中主神《あめのみなかぬし》を祀った神社は存在しない。妙見神社は、実際は北極星信仰である。白山神社の泰澄も秦氏、または三神氏とされるが、祭神の菊理媛はイザナミの姉でハム系である。

最後に、天皇家は高天原の天への信仰で、セム系、ハム系、そしてヤペテ系の神は地底世界への信仰となり、アガルタ、アースガルド、シャンバラなどと呼ばれた世界であると書いてきたが、厳密にはアガルタとシャンバラを区別しなければならないようである。つまり、ヤペテ系やハム系の神域がアガルタで、シャンバラはセム系の神域ということである。藤原氏の北極星、北斗七星信仰はシャンバラ信仰、物部氏のオリオン信仰はアガルタ信仰となる。北欧神話のアースガルドはアガルタのことと考えられる。北欧神話では、アース神族のオーディンやトールとヴァン親族のフレイ、フレイヤとの戦いと和睦の壮大なストーリーが展開されているが、これはとりも直さずヤペテ（オーディン）系とハム（トール）系対セム（フレイ、フレイヤ）系の戦いと和睦であり、アースガルド（アガルタ）とシャンバラとの戦いと和睦のストーリーである。アースガルドがシャンバラを征したようで、和睦した後フレイとフレイヤの兄妹神が人質としてアースガルドにやって来ている。このヤペテ、ハム対セムの戦いは、天界で天の父なる神に反抗した堕天使に対してヤハウェ（またはミカエル）が天使の三分の二を率いて天の父なる神の側につき、堕天使とそれに従った三分の一の天使を地底世界に落としたことに遡る。セム系対ハム系・ヤペテ系の対立で後者がヤハウェ側と堕天使側の半分ずつに分かれたことで、三分の二対三分の一となる。ただし、セム系でもユダヤ十二支族のうち、二支族はバール信仰に陥っており、「黙示録」の〝神の刻印〟を押された十四万四千人の十二支族から除かれているという。藤原氏や平氏に見られるごとく、セム系は〝文〟の氏族で、〝武〟のヤペテ、ハム系の氏族には幾度か後塵《こうじん》を拝している。オーディン、トール、フレイが北欧神話の三神とされるが、オーディンの都があったウプサラ周辺のスカンジナビア南部を発祥の地とするデーン人（ノルマン人）のイギリス王室は、オーディン信仰の伝統を根強く有している。スウェーデン王室は、フレイ信仰である。スウェーデン現王室の祖のベルナドッテはナポレオン麾下の部将だったが、ユダヤ系である。（セム系かハム系かは不明）

第四章　源平から織豊について

(一) 源氏は花郎《かろう》である

古来より源氏と平氏については、源氏が清和天皇や村上天皇などの皇子が、平氏は桓武天皇などの皇子が宮中の財政事情から臣籍《しんせき》降下したもので、源平とも天皇家の血脈とされてきている。源氏には二十一流、平氏には四流の血脈があり、〝源〟姓については「魏書・源賀伝」の〝卿《けい》と朕とは、源を同じうす。ことによりて、姓を分かつ。いまより「源」を氏とすべし〟という世祖《せいそ》が賀を臣籍降下させた時の言葉からきているとされてきたが、(38)源平ともに本流としての血脈は別にある。能坂利雄氏が〝藤原氏から一人子弟をもらったり、源氏から嫁をもらった家があると一族すべてが藤原氏や源氏を名乗った〟と指摘しているように、源平ともに天皇家から皇子を一族に迎えただけで、その皇子の血脈が本流ではないのである。鎌倉幕府の源頼朝や義経は清和源氏で、第五十六代清和天皇の孫の経基王《つねもと》の長子が摂津国河辺郡多田荘にいて多田満仲《みつなか》と名乗り、鎮守府将軍として勢力を伸ばし、その子孫から頼光、義家、そして頼朝や義経が出たとされるが、(39) この源氏の血脈も経基王の長子を一族に養子のような形で迎え入れたのであって、それ以前から一族は存在していたのである。ただし、頼朝や義経は実は第五十七代陽成天皇の流れであって、桓武平氏に対抗するために存在感の大きい清和天皇につなげたという説もあるが。いずれにしても、一族の本流は別にある。

源氏の〝源〟姓については、「魏書」以外に由来を求める考えもあり、その一つが新羅の花郎の長官の〝源花〟の〝源〟由来説である。新羅が強固となったのは、六世紀の真興王(二十四代)の時からで、王は上級貴族の十五歳と十六歳の子弟を花郎《かろう》(ファラン)とし、そのもとに一〇〇〇名にのぼる青年を花郎徒《かろうと》として集め、軍団を結成したが、この花郎の力によって軍事的な強国となっていったのであった。九三五年に新羅が滅ぶと花郎たちは、日本の囲い地(散所、院地)にいた同族を頼って渡来、やがて貴族の荘園管理者をつとめる源氏一族となったといわれる。(40) このあたりの事情について鹿島曻氏は〝蝦夷征伐の結果敗れた新羅系の人々は、蝦夷、浮囚となり、あるいは別所、散所、天部などに隠れて、後に新羅滅亡前後に新羅花郎の亡命を受け入れて、やがて日本史をかざる源平武士団を生んだのであろう〟と述べている。

蝦夷はハム系物部氏のうち、ニギハヤヒ以下天皇家に帰順した内物部（熟蝦夷《にぎえびす》）以外の、あくまでも帰順を拒否した外物部（荒蝦夷《あらえびす》）のことであって、長髄彦や安日彦の流れのハム系カナン人が主流であった。同じハム系でもクシュ人は主として帰順した。それに、新羅からの花郎が合流して日本の武士集団が形成されていったという解釈である。もちろん、これで武士の発生がすべて解明されたわけではない。武家にはセム系藤原氏の血脈もある。渡辺三男氏によると江戸時代の藩主のうち、清和源氏が一二五、藤原氏が八七、宇多源氏が十一、桓武平氏が十一、菅家が九、大江が七、村上源氏が四などとなっているという。最も多い清和源氏は、足利義満のような例はあっても、基本的には天皇家に敬意を払っており内物部（熟蝦夷）の流れの中にあるようにも見える。ただその中にどれくらいの外物部（荒蝦夷）、すなわちカナン系の藩主がまざっていたのかは類推できないでいる。武士の発生については単純ではないが、江戸時代に総人口の七パーセント、足軽も含めて十パーセント程度占めたといわれるが、この日本の支配層は中国やヨーロッパの社会の構造と同じく渡来系で、非日本人だったことは押さえておかなければならない。江上波夫氏が〝七、八世紀に騎馬民族的な性質は消えたが、日本人の中にその性格が非常に強く残っており、鎌倉幕府、織豊時代、江戸とつながっていく。……二、三千人渡来しても三世代たつと二、三万人になる〟と言及したことはある点で正しかったのである。田畑を耕す農耕民族が、突如として馬にまたがり、弓や槍を手にしたとは考えにくい。農耕民族はそもそも殺生を嫌う。まして、天皇家に武力で敵対するような反逆心の伝統はない。

さて、この新羅の花郎は、さらに遡ると、インドのグプタ王朝下の傭兵騎士団、クシャトリアのヤードゥに行くようであり、ギーターという封建的な忠義心を尊ぶ三〇〇〇人の武士団で、満州を経て新羅に入ったようである。新羅人から〝花の野郎たち〟と呼ばれ、〝花郎〟と称されたという。（40）鹿島曻氏はヤードゥについて〝ニギハヤヒ（物部氏）の軍団はアラビア海の時代はヤードゥやマラ族、インドでシャカ族になって……満州から日本に入った〟、〝前一一六〇年にバビロンのカッシュ王朝が滅亡、前一〇〇〇年頃、その一部が北方のイラン高地からパンジャブに侵入、一部はアラビア海からもインドに侵入した。彼らはインドに上陸してマラ族と合体、ヤードゥまたはヤーダヴァ族を従えて東へ進んだ〟としているから、このヤードゥはハム系のクシュ人（カッシュ、カッシート）と同系であり、また配下として従った部族ということになる。インドではグプタ朝以前のマガダやマウリヤ朝の時代から存在していた部族である。シュメールのカッシュ（カッシート）～インドのヤードゥ～新羅の花郎～日本の源氏という流れが見えてくる。

この新羅の花郎が信仰していたのが弥勒信仰で、つまりミトラ信仰である。先に八幡神社が神宮寺を弥勒寺と称したことからもわかるように八幡神はミトラ神であると述べたが、新羅の花郎のミトラ信仰が源氏の八幡信仰（ミトラ信仰）へとつながってきているのである。

（二）平氏は平山人である

平氏の〝平〟の由来について、姓氏家系の大家の太田亮氏は〝平氏は平安京の本訓、タヒラより起こった。平安遷都の興奮が醒めやらぬ時期だけ平姓賜与となり、後源姓賜与となった〟とし、通説の高望王《たかもち》が民部卿の宗章の謀反《むほん》を追討《ついとう》し、朝敵を平らぐるによりて〝平〟姓を賜与されたとの主張を否定している。一般に平氏は五十代の桓武天皇の曾孫《そうそん》で、葛原親王の王子高見王の子の高望王が臣籍降下し、上総介《かずさのすけ》に叙せられたのを始まりとしているが、それより七九年前の弘仁二年に高棟《たかむね》が平姓を賜っており、実際はもっと遡るとされている。平氏には、桓武、仁明、文徳、光孝の四流があり、源氏と同じく皇統の血とされてきたが、源氏のところで述べたように一族に皇子を迎え入れただけで、本流は別に存在する。鹿島曻氏は〝源氏は新羅の武士である源花花郎の子孫であり、平氏は同じく新羅末期の花郎だった平山人（栄仲、亀峯）の子孫であった。新羅では髷のことをトポックモリといったが、そのモリが清盛とか重盛とかいう名になった。……平氏が自ら平山人の子孫と称している〟と語っている。平氏の〝平〟の由来については、平安京や朝敵を平らぐからではなく、〝ヘライ（ヘブライ）〟にそれを求める考えもあり、筆者もそれを支持している。石川県押水町に〝平《へライ》○〟という地名があり、古代ヘブライ人たちの居住地が残っている（41）とされるが、〝平〟を〝ヘライ〟つまり〝ヘブライ〟の意味で使っている。「魏志東夷伝：馬韓」に王莽の地皇年間に、廉斯《れんし》の鑡《し》が辰韓の右渠の部隊長の時、田で雀を追っている男と出会い話しかけると、その男が〝われわれは漢人です。戸来《ヘライ》と呼ばれています。……韓人に捕らえられ、髪を切られ、奴隷にされました〟と答えたという話が載っているが、この戸来《ヘライ》がヘブライ人の意であり、石川県の〝平《ヘライ》○〟の地名ももとは〝戸来〟である。キリストの墓の伝承のある青森県の村も戸来《ヘライ》村であった（もちろん、伝承としての話だが）。平氏の〝平〟がヘライ（ヘブライ）に由来すると考えると平氏はセム系、ユダヤ系ということになってくる。源平合戦はハム系とセム系のオリオン、シリウスと北極星、北斗七星の戦いということになってくる。源氏につらなる花郎が、インドのヤードゥに遡ったように、平氏につらなる平山人もインドの部族に遡ることができる。アヒール族である。鹿島氏は〝インドの牛飼いのアヒール族はユダヤ人の先祖のアピル族だ〟と述べ、「インド民族誌」を次のように引用している。ただし、平山人とアヒール族のつながりについては言及していない。

「アヒール族は北インド、中央インドにおける牛飼い、搾乳者の大カーストである。……同一氏族内及び実の従兄妹婚は禁じられている。……結婚式には花嫁は小さい回転碾石の上に立たせられる。花婿は彼女と向き合い、碾石をつかみ、碾石と共に七度ぐるぐる廻る。寡婦の結婚は許され、亡夫の弟と結婚するよう期待されている。……死体は火葬或は土葬に付する。臨終の際、その口にメバウキの葉、煮飯、牛乳及び黄金の小片を入れてやり、その後これを取り出す。……アヒール族はヒンズー教とは特別の関係に立っている。彼らの飼う雌牛は神聖視され、女神として崇拝されるからである。しかも、ヒンズー教の最も人気ある神クリシュナは暗色の放牧者であった。……アヒールの主要なる祭儀はディワーリ祭である。これは十一月の初秋の収穫季に行われるが、人々は特殊の装いをこらし、急造の小塚の周りを廻りながら踊り、踊りがすむと牛群を追って散々にこれを蹂みつける。」(「印度民族史」大東亜出版)

アヒール族には、夫が子供を残さず亡くなった時、未亡人が夫の兄弟と結婚するという古ユダヤ人の風習のレビラート婚が見られるが、鹿島氏によると、アヒール族がヤードゥを吸収してヤーダヴァ族となったようで、ヤードゥもヤーダヴァもともにカッシュ人に従って東進している。アヒール族と新羅の平山人のつながりは今ひとつはっきりしないが、わが国の平氏にはセム系の信仰が顕著に見られる。そもそも平氏はイナリ信仰を有していた(42)と言われるが、平将門も妙見菩薩(北斗七星)を信仰し、東京にある将門ゆかりの神社は北斗七星の形をとっている。紋章としても長井、和田、芹沢といった平氏は北斗七星紋である。(43)ちなみに、最澄は俗姓三津首広野《みつのおびとひろの》といい、後漢献帝の子孫と伝えられているが、三津首は蘇我氏の軍事を担当した東漢氏の系統で（44）セム系氏族の出身であり、〝星の密教〟ともいわれる天台密教は北辰（北極星）を星を統べる仏として祈願する熾盛《しじょう》光法などで知られている。（2）空海は佐伯氏、阿刀氏の流れでハム系である。平氏がセム系であり、稲荷信仰、北極星・北斗七星信仰の氏族であることはまちがいないが、問題は平清盛の厳島神社への信仰である。清盛が安芸守の時、厳島の神が霊夢でお告げをもたらし、それによって平氏が栄えたことから清盛以下平氏の信仰を集めたが、この厳島神社はスサノオの三人の娘市杵島《いちきしま》姫命、田心《たごり》姫命、湍津《たぎつ》姫命、を主神とするハム系神社である。平氏のセムと厳島神社のハムの交錯については、長い間考えてきたが、未だ未解明である。歴史上の氏族がすべて自らの血脈を自覚し、その上で信仰する神を決めてきたとは言えず、なかには自らの血脈にあまり関心を持たなかった人物もままいる。ゆえにセムとハムの交錯もまま見られ、清盛の場合も単に偶然のなせる業としてそれほど拘泥《こうでい》しなくてもよいのかと思ったりもするが。

ともあれ、シュメールのセム系ヘブライ人～インドのアヒール族～新羅の平山人～日本の平氏という流れを筆者は一応推測している。すべてシュメールに遡ることに疑問を持つ人もあるかも知れないが、わが国の紋章は笹竜胆《りんどう》以外、ルーツがすべてシュメールにあるとも言われる。（45）

（三）北条氏は平氏、足利氏は源氏である

源氏による三代の鎌倉幕府の後を継いだのが北条氏だが、北条氏は平氏である。桓武平氏の祖の高望王は上総介として関東に赴き、子の良将の子が将門である。将門は伯父の国香を殺し天下を征覇しようとし、国香の子の貞盛が仇を討って鎮守府将軍となったが、その六代目が清盛である。一方、国香の孫、維将《これまさ》（貞盛の子）の六代の孫時家《ときいえ》が伊豆介《いずのすけ》に補せられ、伊豆北条に住んで以来、北条氏を称するようになったとされている。国香の弟の良文の流れからは三浦、千葉、梶原、土肥、相馬、和田、大庭、畠山などの平氏諸氏が出たとされている。(39)

北条氏が敗れた後、新たに幕府をおこした足利氏は清和源氏である。源義家（八幡太郎義家）は清和天皇の孫の経基《つねもと》王の長子、多田満仲の子孫だが、その義家の孫義康が足利氏の祖である。義康の子孫が下野《しもつけ》国足利庄《しょう》を領有し、足利を家名とした。ちなみに、義康の兄義重は新田氏（義貞が有名）の祖となっている。源義家の弟が新羅三郎義光で、義光の長男義業《よしなり》が佐竹氏の、二男義清が武田氏の祖となっている。

（四）織田氏は平氏か忌部氏か

織田信長は一般には平氏とされているが、忌部氏説を主張する人もいる。平氏であればセム系、忌部氏であればハム系になる。今福匡《いまふくただす》氏によると明徳四年（一三九三年）に劔神社に置文を納めた藤原信昌と嫡男の兵庫助将広《ひょうごのすけまさひろ》が織田氏の祖先とされ、柴田勝家は織田劔大明神寺社ならびに門前に対して諸役免除を認める免許状を下し、その中で、〝当社の儀は殿様御氏神の儀に候へば……〟と書いているという。越前の劔神社が織田氏発祥の地ということは家臣にも知れていたのである。しかし、一方で氏は信長の曾祖父の良信や祖父の信定あたりまでは遡ることができるが、岩倉織田氏と清州織田氏のつながりは不明で、ともに越前からやってきたのか一方が尾張において召し出されたのか判然としないという。江戸期に編纂された「織田系図」では、織田氏は平資盛《すけもり》（清盛の孫）の後裔《こうえい》となっている。今福氏によると信長が平氏を称したのは、永禄十一年（一五六八年）、足利義昭を奉じて上洛した後で、信長が平氏を称した初見は元亀《げんき》二年（一五七一年）というのが通説だとされる。氏も指摘しているように、源平更迭思想に基づくものだとされている。八切止夫《やぎりとめお》氏も康永三年七月の「妙法院文書」に〝越前国の八田別所〟と記録され、その附記に〝八田別所は越前丹生郡の織田庄の内。この地より、尾州織田家は発祥せり〟とあり、織田庄の神徒は、加賀平泉寺の良寛坊主が改宗を迫ってきたとき、越前から尾張へ逃亡してきたらしいとしている。ただ氏は、信長が平の姓を称したのは天正四年に安土城に入って受爵、内大臣に就任した際としている。

一方で、信長の忌部氏説を主張しているのが、太田亮氏や田中義成氏で、平資盛の遺児が織田劔神社の神官の養嗣子《ようしし》となったが、本来は別の血脈としている。信長が平氏か忌部氏か、はっきりと判断はできないが、ここで押さえておかなければならないのは、平氏はセム系で親天皇系氏族であり、忌部氏はハム系カナン人の血脈で反天皇系氏族であったということである。ハム系のうち、クシュの流れは親天皇系で、カナンの流れは反天皇系と大雑把ながら区別することができると思う。武家物部と祭祀物部の違いである。八切氏などは平氏を武士団のカテゴリーに入れるべきかどうか迷うと述べているが、平氏に見られるごとくセム系は〝文〟の血脈、源氏のようにハム系は〝武〟の血脈という違いも存在した。明智光秀の本能寺の変も光秀自身の私怨のみが原因ではなく、信長が〝自分が国王であり、内裏《だいり》であり、天皇である〟と豪語し、場合によっては天皇家の上に自らを置こうとした思い上がり、反逆心を誅《ちゅう》し、皇室を守ろうとした義心が根本にあったとも言われるが、実は信長、秀吉、家康の三英傑が、歴史上最も天皇家に敵対した人物、氏族であったのである。信長は本能寺に宿泊していた時、京の権力者の一掃を考えていたとされ、それが貴族のみであったか天皇も含まれていたかは定かではないが、彼には天皇家から叙任《じょにん》されて臣下になる考えはなかった。秀吉も天皇からの譲位を意図したふしがある。「多聞院日記」によると、本能寺の変の時、二条御所に居られた誠仁親王は疱瘡《ほうそう》とかハシカで崩御されたというが、実は自殺だった。正親町《おおぎまち》帝も切腹されようとしたが、秀吉から女房衆もみな磔《はりつけ》にすると脅迫され断念されたという。秀吉への天皇の譲位の噂がしきりに取り沙汰されたが、吉野山の川上地蔵が焼け、天変地異が続いたので秀吉も思いとどまり、誠仁親王の遺孤《いこ》の和仁親王を御陽成帝として即位させたという。(42) 家康に始まる江戸幕府の下では、十七世紀の中頃から天皇は一切の行幸を二〇〇年間禁止されており、大名との交流も全く禁じられた状態であった。江戸時代の天皇がいかに影の薄い存在であったか。どうも信長、秀吉、家康にはハム系でもカナン人の流れを感じざるを得ない。きちんと区別できるわけではないが(例外もままあるが) セム系の氏族にはこのような天皇家に敵対する伝統はないのである。織田氏の忌部氏説の、捨てがたい理由がここにある。

(五) 豊臣氏は山の民である

秀吉は農民の出とされ、源氏や平氏、あるいは藤原氏といった貴種とは無関係であるとされている。自身は本能寺で没した平信長の後を受けて平秀吉として登場し、関白任官に際し藤原秀吉を名乗り、その翌年豊臣の姓を賜っている。(46) 小林久三氏は、秀吉の中国返しや賤ヶ岳《しずがたけ》の合戦におけるスピード移動の秘密は、秀吉が配下に多くの山の民を召し抱えていたから可能であったろうと推測している。秀吉は土木技術にたけたものを多く召し抱えていたが、これも山の民の集団だったと考えられている。父の弥右衛門が因幡か丹波の山の民だったと言われている。秀吉は自らの出自を知る因幡多治比《いなばたじひ》郷の北山城主丹比孫之丞《たじひまごのじょう》を最も恐れ、この山の民の名門を攻め、三〇二九人を皆殺しにしたとも言われている。(47) 山の民は関白藤原道隆の子の道宗を始祖とするとされる。正暦五年に疫病が全国に流行し、道隆は神のお告げで自分が卑しい女に子供を生ませたことを天が怒っていると思い、八歳の道宗を丹波の山奥に捨てたが、この時大勢の家来が山に入って仕えたと言う。(48) この伝承では山の民はセム系氏族の流れとされるが、彼らの始祖は火明命《ほあかりのみこと》とされ、火明命の命令で穴から地上に出、以後命につきしたがったという始祖伝を有している。火明命はハム系で、出雲系、物部氏である。山の民は麦を主食とし、米は内臓が腐るとして食べることを拒んだ(49) ことからもわかるように農耕、定住を拒否して山中に隠れ住んだ非農耕民族で、渡来氏族の中でも天皇家を中心とする日本社会入りを頑なに拒否してきたアウトサイダーである。歌舞伎の出雲阿国《おくに》はこの集団の一人だが、阿国という名前は一国一人名のエラギ（遊芸）の頭だという。(49) ハム系物部氏のうち、天皇家への恭順をあくまでも拒んだ氏族ということで、やはりハム系カナン人の流れが主流と考えるのが妥当と思われる。これにセム系も含めた（少数だろう）他の流れが加わったものと考えられる。秀吉の山の民説が事実ならば、ハム系カナン人の流れにあると推定できる。鹿島曻氏は、安国寺恵瓊《えいけい》という毛利家お抱えの僧侶の〝藤吉郎、さりとてはの者なれば〟という言葉を引用して、〃渤海が滅んだ後に契丹《きったん》と室韋《しつい》（蒙古）が渤海に入り込んで鉱山労働者となり、後海賊となって渡来、純友の乱で騒ぎを起こし、鎌倉末期に大内弘幸が開山した石見銀山にその一部を集めて使役したが、秀吉はこの一族の末裔である〃としている。契丹は中国資料では隋や唐を建国した鮮卑《せんぴ》の支派とされ、室韋は「新唐書」に〃契丹の別種にして東胡の北辺なり〃とあり、いずれもハム系の血脈である。秀吉の幼名の日吉丸と日吉大社とのつながりがよく言われるが、日吉《ひえ》大社は下鴨神社の火雷神と同一の神格であった。

第五章　徳川氏について

（一）徳川氏は長髄彦《ながすねひこ》の末裔である。

家康に始まる徳川氏は、一般に清和源氏とされているが、太田亮氏は「姓氏家系大辞典」の中で〝出自未詳、自称清和源氏新田氏族〟と記述している。大久保彦左衛門の「三河物語」や、幕府編纂の「朝野旧聞裒藁《ほうこう》」によると、上野国新田郡徳河郷に住んでいた徳川氏は、新田義貞に従っていたために足利幕府の迫害を受け各地を流浪、時宗の僧となった有親、親氏父子は三河大浜の称名寺に住みつくようになった。徳阿弥親氏《とくあみちかうじ》は松平郷に流れつき、松平太郎左衛門信重の聟《むこ》となり、徳川松平氏の初代が生まれたとされており、これが通説になっている。(48)この松平郷に松平一党の氏神、先祖崇敬の霊社とする六所《ろくしょ》神社があるが、親氏が陸奥国塩釜から六所大明神を勧請したことに始まり、家光も一六三四年の上洛の帰途立ち寄り、〝参河国六所大明神は東照大権現有降誕地の霊神なり。これをもって崇敬異也〟と加増し、社殿を造営したという。(48) 近江雅和氏によると塩釜神社の祭神はナガスネヒコ（長髄彦）で「先代旧事本紀大成経」に〝ナガスネヒコが大和で敗れて陸奥に退いたとき、民に塩を焼いて施し、軍船を司った。よって陸奥の鎮としたのが今の塩釜の神である〟と記されているという。神武東征の際、ニギハヤヒは神武天皇に帰順して内物部（熟蝦夷）となっていったが、義兄のナガスネヒコは最後まで抵抗し、最後にはニギハヤヒによって斬られたとされている。が、古文献によると実は斬ったことにして東北の地に逃がしてやったというのが事実らしい。このことは飛騨の伝承にもある。この神武天皇に最後まで抵抗し、帰順を拒否したナガスネヒコと兄の安日彦《あびひこ》が外物部（荒蝦夷）の祖である。ニギハヤヒはハム系のクシュ人、ナガスネヒコはカナン人の流れと考えられる。武家物部と祭祀物部である。ナガスネヒコが物部氏の血脈であることは、出雲王朝の末裔といわれ、大国主神の直系の子孫とされる富當雄《とみまさお》氏が出雲神族の系譜にナガスネヒコが入っているとしていることからもわかる。なお、全国の山の民の総元締が安日彦、ナガスネヒコ兄弟であった。(50) ナガスネヒコについて、鳥越憲三郎氏は次のように述べる。

「長髄彦のことを『古事記』では登美能那賀須泥毘古または登美毘古と記している。妹の御炊屋姫も鳥見屋姫ともいうが、物部氏の本拠となった地名の鳥見《とみ》をその名に冠していることから、長髄彦は物部氏を代表する首長であったとみてよかろう。一般にそうした名をもつ者はその地の首長である。」（「神々と天皇の間」朝日新聞社）

さて、このハム系カナン人のナガスネヒコを祭祀し、祖神とする徳川氏の紋章は有名な三つ葉葵紋で、京都の賀茂神社の紋である。葵祭で公家や神人が神草の葵をカツラにしたことから神社の紋になったという。実は松平郷はもともと賀茂神社の神領で、徳川の祖先も賀茂朝臣松平太郎左衛門と号している。(51)徳川氏は、過去において藤原姓を名乗ったり、加茂姓を称したりしている。葵紋をすすめたのは本多正信ともされるが(37)、徳川氏と賀茂神社の深い結びつきがみてとれ、忌部氏中の忌部氏と称される祭祀氏族、賀茂氏との関わりが知れる。徳川氏はやはり外物部、祭祀物部、ハム系カナン人の血脈と考えられる。遡れば、邪馬台国の卑弥呼に行き着く。ナガスネヒコの九州出身説を唱える人もいる。

ところで、家康にはいわゆる「史疑」の問題が存在する。村岡素一郎氏の「史疑」で提起された家康別人説で、鹿島舁氏、八切止夫氏、南條範夫《なんじょうのりお》氏などニュアンスの違いはあってもこの説を支持する人もかなりいる。家康に近侍した林羅山《はやしらざん》（道春）が「駿府政事録」の慶長十七年八月十九日の日付けで、〝公御雑談の内に、昔年御幼少の時、又右衛門某という者あり。銭五貫

（二百万円ほど）にて九歳の御所を売り奉りしと諸人伺候していたるゆえ衆みなこの話はきく〟と記していることから出た家康別人説である。晩年駿府《すんぷ》に引退した家康が思わず気がゆるんだのか、自分は幼少の時に銭五貫で売られたもので、松平元康ではないと述べたもので、林羅山《はやしらざん》の他、日野《ひの》入道、金地院《こんちいん》、因果居士《いんがこじ》、その他多勢が聞いたというものである。もちろんこれを、老いた家康が頭が混乱して、根も葉もないことを思わず口にしただけのことと解釈すれば、何ら問題はないが、逆に側近の者に囲まれて、老いからか思わず気がゆるんで長年隠してきた事実を口走ってしまったと考えると、歴史をゆるがす大きな問題へと発展していく。家康別人説を支持する八切止夫氏は、〝徳川家では三河出身者は一万石以下の旗本として冷遇され、伊勢の榊原康政、駿府の井伊直政、酒井忠次、遠江の本多忠勝が四天王として立身した謎も家康が別人と判れば納得できる〟と述べ、さらに寛永年間に釈春外東劫がしたためた「大日本国駿州城府分時鐘銘」に、時の大老土井甚三郎利勝が家光の命令で一万五千石の施米を駿府の民に配って亡き家康の回向をした盛事を述べるにあたって、〝そもそも駿府というのはなかんずく東照大権現垂迹地なり〟と明記されており、家康は三河出身ではないとしている。氏によると尾張徳川藩主の宗春が将軍吉宗から蟄居《ちっきょ》処分になったのも、ぜいたくさが原因ではなく、宗春が侍臣、儒臣を動員して家康について調べさせ、〝松平家康は長顔だったが、徳川家康は丸顔だった〟、〝二人の家康は右ガ瀬と和田山で再度戦さしている〟などと書物奉行付堀田恒山名で発表、ために版木、筆墨、判紙まで取り上げられ、閉門にされたという。南條範夫氏も、又右衛門某から東照公を買いとった者は府中八幡小路の願人坊主の酒井常光坊であるとし、松平元康は森山崩れによって死んだのであり、大林寺の広忠の墓が元康のものだと推測している。武田へ通謀したとして息子の信康や築山御前を死に到らしめたのも、本来血のつながりがないがゆえに出来た所業ということになる。氏によると元康に異常な愛情を抱いた石川数正が天正十三年に家康に背いて大坂に赴き、秀吉に仕えたのも元康の非業の最期を見て叛意《はんい》を抱いたためであるし、家康を苦しめた一向一揆も酒井将監が中心となり、本多弥八郎らが追随してすりかわった家康追放のために起こしたという。家康がすりかわった時期については、諸説がありはっきりしないが、どうもこの「史疑」の問題はそれほど簡単にないがしろにできないように思える。筆者には今の段階ではその真偽のほどは判断できないが、家康別人説に立つと多くの疑問が解けていくようにも思える。ただ、元康とすりかわったとされる世良田《せらだ》二郎三郎元信の父の、松本坊の先祖を八切止夫氏は新田義貞としているし、南條範夫氏も世良田二郎三郎元信は新田源氏の血脈としているので、家康別人説に立っても、徳川氏の血脈は変わらないと考えられる。

(二) ケルト神話に見る地底世界

徳川氏は新田源氏から古代のナガスネヒコにまで血脈を遡ることができ、これは物部氏の中の外物部（荒蝦夷）で、祭祀物部として忌部氏や賀茂氏に連なる氏族であった。京都の賀茂氏の下鴨神社の祭神火雷神が中東のバール神と同一であり、上賀茂神社の別雷神と母神玉依媛はミトラとアシュトラ（イシス）に比定された。これらの神々を祭祀した物部氏が中東のハム系氏族（クシュ、カナン）を出自にしていることは先に述べた通りである。そして、これらバール、ミトラ、アシュトラなどが地底世界のアガルタ、アースガルドの神々であることもくり返し述べてきたことであるが（シャンバラはセム系の地底世界）、この地底世界はわが国の浦島太郎伝説の常世の国の他、インカやマヤ、さらにはケルトの伝承など世界各地に数多く伝えられている。籠《この》神社の海部《あまべ》光彦氏によると、浦島太郎伝説は、籠神社の火明《ほあかり》命の常世訪問譚がもとになっているという。ここではケルト伝承の地底世界を取り上げるが、ケルト人はローマ帝国以前に地中海と北海沿岸を除くヨーロッパ全域を支配した騎馬民族で、前四、三世紀に最盛期を迎えている。後、ローマ帝国に破れ、辺境に逃げていったが、スコットランド、アイルランドの住民はケルト系とされている。田中仁彦《ひとひこ》氏によるとケルト世界にはいたる所にメンヒル（立石）、ドルメン（巨石墳）、ストーン・サークルや列石が残っており、大ブリテン島南部のサリスベリーのストーン・ヘンジとストーン・サークル、フランスのブルターニュのカルナックの列石、ドルメン、墳丘群など多数見られるが、民間伝承によれば地下に住む妖精や小人たちが造ったもので、地下世界への通路となっているという。欧米の有名な祭りのハロウィン・デーもアイルランドの十一月一日のサワンの祭りが起源で、この日になるとこの世とあの世の境界線がなくなり、ドルメンが口を開けて地下の住人たちが地上にさまよい出、地上の住民も地下に行ったりするという。ケルトにはわが国の浦島太郎伝説によく似た「フェヴァルの息子ブランの航海」や「メルドゥーンの航海」など、地底世界を旅した伝承が数多く伝えられている。「ガリバー旅行記」はアイルランドの作家、ジョナサン・スウィフトが書いたものだが、これはスウィフトの創作ではなく、これらのアイルランドの伝説や伝承をもとにして小説化されたものである。田中仁彦氏によると、浦島太郎伝説に似た「フェヴァルの息子ブランの航海」は次のような内容である。

「ブランが眠りからさめて銀の枝を持って王宮に戻ると乙女が美しい声で歌ってエヴナの国（他界）に誘う。彼女が渡したのは一年中実をつけているリンゴの木の枝で、花咲き乱れる常春の国で、苦悩や悲嘆も死も病気も衰弱もない。そこは女人の国である。翌朝ブランは二十七人の仲間を連れて出発する。二日二晩経つと海神マナナーン・マック・リルと出会う。次に喜びの島、やがて女人の国に着く。皿に盛られた御馳走など望むものはすべてかなえられたが、一人が望郷の念にとらえられ帰途につく。途中、喜びの島の陸地に足を触れてはならないと忠告されるが、足を地面につけてしまい、体は灰になってしまう。ブランは岸に向かって〝俺を知る者はいないか〟と尋ねたが誰も知らない。一年と思っていたら何百年も経ってしまっていた。彼らの消息は誰も知らない。」（「ケルト神話と中世騎士物語」中公新書）

また、「メルドゥーンの航海」では、大蟻の島、馬に似た怪獣の島、人肉を喰う魔物の島、リンゴの島、猫の島、羊の島、冥界の豚と巨人の島、女人国などが航海に従って登場してくる。この物語をもとにした「聖ブランダンの航海」という話もあり、ブランダンは実在の人物で、アダムとイブが追放されるまで住んでいたエデンの園を捜し求める話である。海を航海する設定になっているが、いずれも地底世界への旅であり、一部脚色しておもしろい話になっている。

マヤ文明にも地底世界シバルバーについて訳した「ポップ・ヴフ」などが伝えられており、シバルバーとは死の世界、冥界とされている。アッハカメー族が住んでおり、七人の死の大王と決定を実行に移す十人の指揮官がいるとされている。(52) インカの文明にもこの地底世界とのつながりが見られ、インカを大帝国にした九代パチャクチ王は、地底世界につながる洞穴から来た白衣をまとい、ヒゲを伸ばした人物の助言を得ていたとされ、スペイン人が来襲した際、人口が一〇〇〇万人から百万人に減ったときも大部分はトンネルを通して地球内部へ逃げていったともされている。(53) インカのヴィラコチャ神やアステカのケツァルコアトル神とオシリ

ス（バール）との類似性も指摘されている。(54)

密教のマンダラもこのアガルタやアースガルドといった地底世界を描いたものとされているし、インディアンのホピ族なども先祖は地底世界からやってきたという伝承を有している。先にヒトラーのナチスがアガルタと接触していたことを述べたが、ヒトラーが主張したアーリア人種の復権、支配はそのために生まれたもので、アーリア人とはイランのメディアに起源をもち、アガルタ出自のヤペテ系の血族である。ただし、この血脈はドイツやイギリスの一部の支配階級の血脈で、大部分のドイツ人やイギリス人、そしてヨーロッパ人は非ヤペテ、非ハム、非セム系で、いわゆる普通の人々であり、民族的出自を異にする。世界の人々の七、八割以上は、アダムとイブの子孫ではなく、アガルタやシャンバラとは関わりがない。

プラトンの説いた理想郷も密教のマンダラと同じくこの地底世界をモデルにしたものとされているが、そもそもギリシア人の多くはエジプトで秘儀に参加し、知識を得ている。プラトンも大ピラミッドの内部の地下室でディオニュソス（オシリス）の秘儀を受けている。このエジプトの秘儀に関わりがあったとされるヘロドトスによると、ギリシアの神々の多くはエジプトに由来するという。(55) この地底世界への探検は、紀元前三二五年にギリシア人のピュテアスがブリテン島から六日間の距離の北極圏にあるトゥーレ島にたどり着き、住民が穀物や野イチゴ、野菜を主食とし、ハチミツ酒を飲んでいるのを目撃したと伝えられているのを初め（北極圏は実際は入り口と考えられる)、アーサー王が深手を負って去っていった異父姉の妖精モルガンが治めるアバロン島など、数多く伝えられている。アーサー王はアバロン島で永遠の生命を得るが、この島は大地の地母神が治める冥界とされている。さらに十二世紀頃にプレスター・ジョンの伝説がヨーロッパに広まっている。一一六五年に法王アレクサンドル三世、神聖ローマ皇帝フリードリヒ一世、ビサンティン皇帝マヌエル一世の下に「長老ヨハネス（ジョン）より」の書簡が届き、その中で〝余は王の中の王にして……この世の支配者のすべてをしのぐなり。王国は七十二国を支配下にもち、その領域はバビロンからインドの果てまで広がって……余はサファイアと黄玉で葺かれた屋敷、純金と赤シマメノウの扉の桟はすべて象牙製の門を持つ、そんな宮殿に住まっている……〟と述べている。(56) この地底世界の実体は不明だが、一部にプラズマ亜空間説が出されている。(37) 空間が歪曲して異空間へとつながっているという証言もあり、地底世界と言うより、別次元の世界とも考えられる。

(三) ヨーロッパと中国の支配層について

日本の支配層が、日本出自の天皇家を除いてシュメールのセム系、ハム系氏族であったことを大伴氏、物部氏から徳川氏まで概略的に見てきたが、このノアの子孫のセム、ハム、さらにヤペテの血脈をもっと遡れば中国西域のホータン、そしてアガルタやシャンバラといった地底世界にまで行き着くことができた。この支配層の血脈はわが国では貴族や武士などで全体の一割前後、多く見積もっても二割で、三割までは行かないと思われる。江戸時代に農民が八十五パーセントを占めたとされるが、この八割以上を普通の日本人と考えての話である。もちろんこのあたりの見定めはなかなか難しく、網野善彦氏のように、穀物生産をしている農民はわが国の人口の五十パーセント以上になったことはないと考えている人もある。ただ、中国の客家《はっか》を除いた漢民族が八、九割、ロシアの農奴とされていたスラブ民族が八、九割、イギリスの支配層のノルマンと最下層を形成するケルトを除いたアングロ・サクソンが同程度であることを考えると、アダムとイブの血脈ではない普通の日本人が八、九割を占めてきたというのが妥当と思われる。

さて、我々はヨーロッパは民主主義が定着した差別のない平等な社会であるとのイメージを抱きがちであるが、実際はピラミッド型に構成された階級社会である。そのような階級制はイギリスに究まるが、ドイツやフランスといった他の国々も大なり小なり同じような構造を有している。イギリスではわが国の参議院にあたる上院に九十二の貴族による世襲議席があり、カンタベリー大主教を初めとする聖職貴族、大法官を含む法律貴族、一代貴族などの他、約七五〇名の世襲貴族によって構成されているという。二〇〇三年以降、ブレア政権によって廃止が試みられているが。また、会田雄次氏は次のように述べている。

「イギリスは貴族と二種のジェントリーからなる第一層、第二層として上下に分かれる市民層、第三層として小農民と労働者の大衆層、第四層として旧植民地や東南欧などからの出かせぎが数百万いる。ジェントリーには大地主と実業家、貿易商人がおり、貴族とジェントリー合わせて約二十分の一。他の階層の人とは通婚もコミュニケーションもほとんどやらない支配層である。……イギリスの大学は第一層と市民上層出身者のみを受け入れる。」（『リーダーの条件』新潮社）

このような階級制がヨーロッパ社会の特色であるが、イギリスを初めとするヨーロッパの王室や貴族の出自は、ヤペテとハムとセムの血脈に遡ることができる。イギリス、デンマーク、ノルウェー、ベルギーなどの王室がヤペテ系、スペイン、スウェーデンなどの王室がハム系、オランダやかつてのハプスブルグ家のオーストリアなどの王室がセム系と考えられる。オランダ王室はメロビング家の血脈で、ハプスブルグ家と同一系統だが、この血脈は洗礼者ヨハネやマグダラのマリアの系統をひき、異端とされたグノーシス主義の流れである。グノーシス主義はオーディンやトール信仰に行き着く（スウェーデン王室は、セム系の可能性もある）。キリスト教を肯定し、カトリックやギリシア正教の信奉者であったがゆえに、キリスト教を否定し、オーディンやトールといった地底信仰の伝統を残すイギリス王室に打倒されたフランスのブルボン王朝、ドイツのホーエンツォレルン王朝、ロシアのロマノフ王朝のうち、ブルボン王朝は

のロマノフ王朝のうち、ブルボン王朝はハム系（ただし不明な点もあり。きちんと見究めがついていない）、ホーエンツォレルン王朝とロマノフ王朝はヤペテ系と考えられる（フランス革命、ロシア革命とイギリス王室の関係については別途論じたい）。これらヨーロッパの支配層の出自も、やはりシュメールに遡ることができる。清川理一郎氏は次のように述べている。

「『エッダ』によるとオーディンは死の臭いがただよう陰惨で悪魔的な神で、北欧神族の一つアサ族の首領でコーカサスにいたがローマに追われ北欧に来て、スウェーデンのウプサラで王朝を開いたと伝えられている。ウプサラは北欧第一の聖所で、かつて古ウプサラ大神殿があった。ウプサラ王朝はオーディンが初代の王で、スウェーデン王家の始祖は二代後のフレイ王であったとの言い伝えがある。ノルウェー王家はその子孫で、デンマーク王家の起源はオーディンがスウェーデンに行く前にこの地に滞在したのが起こりだという。」（『古代インドと日本』新泉社）

この流れはいわゆるアーリア人の移動について述べたもので、ヨーロッパのアーリア人は今のイランにあったメディア帝国を起源としている。「旧約聖書」によるとアーリア人は、ヤペテの第三子マダイの子孫で、マダイはメディア人のことである。このメディア人がヨーロッパに移動してアーリア人と称されたのであり、ヤペテ系の血脈である。〃「ヴェーダ」を学習する者がアーリアンである"（57）と言う人もあるが、「ヴェーダ」の神のインドラやミトラ、北欧神話のオーディンやトールを信仰している。このスウェーデン南部にいたアーリア人、つまりデーン人が八世紀の末期からヨーロッパにくり出していったのがノルマン（バイキング）であり、彼らはオーディンやトールといったアガルタやアースガルドの神々を信仰していた。バイキングは最高神オーディンの鳥《からす》の旗印をひるがえし、戦闘の時には長吹を吹いたという。(58) また、レジス・ボワイエ氏も次のように述べている。

「デーン人は特にオージンを崇敬した。積み荷と商売の神であったが、陰険で狡猾な策略家でもあり、戦術指南や計略、裏切りや呪術によって勝利を授ける神であった。ノルウェー人は乱暴で騒々しいトールの神の方を好んだ。雷神であったが、お人好しな一面があり、人助けもした。スウェーデン人がひいきにしたのが、豊饒多産を象徴する神フレイだった。」（『ヴァイキングの暮らしと文化』白水社）

このデーン人が一〇六六年に〝ノルマンの征服〟としてウィリアム一世に率いられてイギリスに侵入し、王国を築いていったのが今のイギリス王室である。イギリス王室の紋章はワタリガラスであるが、これはオーディンが飼っていたフギンとムニンという二羽のカラスに由来する。ヘンリー八世以来の英国教会は、建て前はプロテスタントでキリスト教信仰とされているが、実際はデーン人の信仰が今なお根強く残っている。ウィリアム一世が法王グレゴリウスと対立して教会に対する国王の管理権を主張し、州法廷と教会法廷を分離したり、ヘンリー二世と大司教トマス・ベケットの争いなど、この王朝は最初からキリスト教会との対立があった。一七世紀に清教徒が信仰の自由を求めてメイフラワー号でアメリカ大陸に渡ったのも英国教会との対立であった。デンマーク王室はデーン人の王朝であり、十世紀から続くヨーロッパ最古の王朝で、ノルウェー王室はその分かれである。もちろん、デンマークやノルウェー国民の大半は普通の人々で、バイキングの血脈ではない。フランス最初の統一王朝のメロヴィング家は例の「レンヌ・ル・シャトーの謎」（マイケル・ベイジェント他著　柏書房）以来、セム系の血脈との意見が出ている（この話の真偽は今後の研究を待ちたい）。カペー〜ヴァロア〜ブルボンと続く王朝はおそらくハム系と推測される（このあたりはまだきちんと見究めがついていないが）。スペイン王室は一九七五年に復活したが、フランス革命で廃されたブルボン家である。オランダ王室のオラニエ・ナッサウ家は一六世紀にオランダ独立の指導者のオラニエ公ウイレム一世に始まり、ベルギー王室は一八三〇年にドイツのザクセン・コーブルグ家からレオポルド公を迎えた歴史をもつ。スウェーデン王室はナポレオンの部下ユダヤ系のベルナドッテ将軍をカール一四世ヨハンとして迎えている。オーストリア（神聖ローマ帝国）のハプスブルグ家は現当主のオットー大公が〝エルサレム王〟の称号を有するとされ、セム系と考えられるのが妥当と思われる。ハプスブルグ家はローマ帝国によってユダヤ王国が滅ぼされた時、ヨーロッパに移って行ったユダヤ貴族のうちの一つという人もいる。ハプスブルグ家はメロヴィング家の血脈であるが、この場合はスファラディー・ユダヤである。スファラディーとアシュケナジーでは、ラビが違えば、シナゴーグも異にする。なお、二十世紀末になって初めてその存在が明らかにされたヨーロッパの君主、大公、公爵四十九家の王家からなる〝クラブ・オブ・アイルズ（島のクラブ）〟の〝アイルズ（島）〟とは〝トゥーレ島〟のことである。

近代以降の世界の植民地化は、ヨーロッパの支配者としてのヤペテ系、ハム系の王族や貴族が中心となって遂行したもので（セム系は植民地化とはあまり関係がない）、非ヨーロッパ人がその主体であった。もちろん、多くのヨーロッパ人が歴史の流れであるがごとく錯覚してそれにまき込まれていったことは事実であるとしても。わが国も十六、七世紀に渡来してきたイエズス会士の時代からこの植民地化の危機に直面したが、徳川幕府による鎖国で、この危機を回避することができたのである。幕末の開国と同時に再びこの危機の矢面に立たされたが、他のアジア諸国と比べて軍事的、社会的基盤が堅固であることを欧米列強は知らされ、そこで一計を案じたのであるが、それは幕府方をフランスが、薩長方をイギリスが背後から支援して、幕府と薩長を相戦わせ、疲弊、消耗させてから軍事占領するやり方であった。イギリス側の前線の司令官が、長崎の武器商人トーマス・グラバーであった。グラバーの背後にいたのが今なお世界の金融、経済を支配すると言われるロスチャイルド財閥で、アシュケナジー・ユダヤである。そのロスチャイルドも男爵としてイギリス王室に仕えている。坂本龍馬もグラバー邸に出入りしており、グラバーの意向を受けて薩長同盟に奔走したのである。もちろん、龍馬自身には欧米列強の真の意向は知らされてはいなかった。龍馬暗殺の陰にグラバーがいたともされる。(48)ところが、土壇場になって西郷隆盛が勝海舟の説得に応じて江戸城を無血開城したために、彼らの計画は頓挫し、大量の武器、弾薬を買い備えていたグラバー商会は破産の憂き目に会ってしまうのである。一説によると徳川慶喜もこのような欧米列強の意図を見抜き、自ら身を引いたともされる。わが国の植民地化はこうして回避されたが、この欧米列強との抗争は基本的に太平洋戦争の敗北まで続くことになる。先の戦争は、基本的には自衛の戦争であったが、自衛のための手段、方法として中国や朝鮮に兵を進めた侵略戦争の側面ももってしまった戦争でもあった。

次に中国の支配層を概観すると、ヨーロッパや日本と同じくシュメールのハム系とセム系の血脈にたどり着くことができる。殷はシュメールのウルクのハム系の血脈で、殷王朝が熊姓《ゆう》であることから、わが国の熊襲や熊野神社と同氏族と考えられる。周はシュメールのセム系カルデア人の王朝で、カルデアに〝囲い、周囲〟という意味が存在した。周の王姓の姫《き》氏とシュメールのセム神エンキ（またはキ）とのつながりも考えられる。周は同じセム系のユダヤ族の羌《きょう》族と同盟したが、殷は羌族を討伐し、いけにえとした。秦は始皇帝の父の呂不韋《ロフイ》がレビ→レヴィ→レウィ→レフィ→呂不韋のオクシァルトであったことからもわかるが、レビ族を中心とするユダヤ十二支族の連合国家であった。漢は周王朝の後継として存在した王朝で、劉邦は有力者の呂氏（レビ族）の娘を娶り、後の呂后としている。漢王朝の基礎を築いたとされる張良と蕭何《しょうか》のうち張良は周の流れで周と同姓の韓の公族で、蕭何は秦の下級役人であった。隋や唐は鮮卑の王朝で、鮮卑は旧満州北部の鮮卑山を出自とするが、この鮮卑はシュメールのハム系のカッシートや雲南の佤《わ》族の流れで、ジンギスカンのモンゴルやわが国の源氏と同族であると鹿島曻氏はしている。鳥越憲三郎氏は鮮卑は東胡の別れとしている。隋は北魏が名を変えた北周から分離独立しているが、北魏の拓跋《たくばつ》氏はホータンの出であった。唐の李氏は甘粛《かんしゅく》者出身の鮮卑族だが、道教の祖の老子が李姓で、老子が牛にまたがって崑崙《こんろん》山の地に消えていったという伝承からも地底世界とのつながりが推測される。なお、中国で一、二位を争う李姓といっても一般の国民はもともとの李一族の血脈とは関係なく、平民はもともと姓氏を持たなかった。漢代になって平民も姓をもつようになったと言われている。(59) 宋と明は従来漢民族の王朝とされてきたが、実質の支配者は客家《はっか》で、非漢民族の王朝である。自ら客家と名のる林浩《リン・コウ》氏によると客家は〝中国のユダヤ人〟と称され、六千万人ぐらいに及ぶという。氏によると南宋末のモンゴルへの抵抗を呼びかけた楊太后《ようたいこう》に客家の贛州だけが応じ、知事の文祥天が三万五千余名を率いて応戦したという。また、朱元璋を助けて明朝を創設した劉伯温は客家に尊敬された人物で、明朝が滅んだ後も親王の南明政権を楊廷麟《ようていりん》、万元吉《まんげんきつ》らが支え、〝棚民〟と呼ばれた客家が蜂起し、十万人が参加したという。この客家はもともと華北に居住していた者が南へ移ったものであるが、夏や殷王朝の流れの東胡にカッシートや佤《わ》族の流入民が合流したもので、もともとはシュメールのハム系の血脈である。中国や東南アジアの政財界には客家人脈がキラ星のごとく連っており、例えば鄧小平、朱徳、葉剣英《ようけんえい》、胡耀邦、李登輝《りとうき》、リ・クアンユーなどの他王陽明、朱子、洪秀全、孫文、宋姉妹なども客家である。また、インドネシア最大の財閥サリムグループ会長の林紹良《リン・ショウリョウ》、タイのバンコク銀行創設者でタイ経済を支配する陳弼臣《チン・ヒッシン》なども客家で（60）、香港経済を支配する李嘉誠《リカセイ》一族がこのネットワークの中心にあるとも言われている。例えば鄧小平の始祖は殷王の武丁が叔父の従曼《しょうまん》を鄧候に封じたのに遡り、先祖の鄧士廉は明の永歴帝《えいれきてい》に従って広東からビルマに逃れたとされている。わが国の盂蘭盆会の風習はソグド人から客家を経由して伝えられたものとされるが、ソグド人もイラン系でハムの血脈である。

宋から明の間に金や元の王朝が存在したが、金はツングース系女真族でセム系、元は「新唐書」に〝室韋（元のモンゴル族）は契丹の別種にして、東胡の北辺なり〟とあり、契丹が鮮卑の支派であるから、ハム系の血脈である。わが国の源氏とは同族だから、義経が大陸に逃れて室韋（モンゴル）を頼っていたということも可能性としてはなくもない。明の後の清は、金と同じツングース系女真族でセム系である。ツングースについてはシロコゴロフ氏の南方説とともに前に述べておいた。清朝を打倒して樹立された中華民国の孫文も客家であった。

なお、中国にはハム系、セム系の他ヤペテ系も一部見られ、最近発掘された長江文明や戦国七雄の一つ楚の苗族《みゃお》がそれにあたる。長江文明の神蚩尤《しゆう》はヤペテ系で、ハム系の黄帝に敗れ殺される。漢の劉邦と戦った項羽はこの楚の末裔であるが、このヤペテ系苗族流れが日本ではアイヌと考えられる。バイキングもヤペテ系だが、アイヌとバイキングはともにワタリガラスの舞いや踊りの伝統を持っている。ワタリガラスは太陽以外の万物を創造したと言われている。

(四) スバル、北極星、オリオンの三位一体

これまでわが国の天皇家の天之御中主神《あめのみなかぬし》やキリスト教の〝天の父なる神〟がスバル（プレアデス）信仰にあたり、セム系氏族が北極星、北斗七星信仰、ハム系氏族がオリオン、シリウス信仰であることを明らかにしてきた。なお、ヤペテ系氏族はスバルと同じ牡牛座のアルデバラン（ヒアデス星団の赤星）信仰と考えられる。このスバル、北極星、オリオンの三つはいわゆる三位一体の関係にある。三位一体、すなわち三つがそろって一つの完全な世界、宇宙が構成

されるということである。キリスト教での三位一体はよく知られており、父と子と精霊の三つである。これを日本の造化三神に置き換えると天之御中主《あめのみなかぬし》神と高御産巣日《たかみむすび》神と神産巣日《かみむすび》神、さらに天照大神《あまてらすおおみかみ》と月読命とスサノオになる。三種の神器では鏡と勾玉と剣である。シュメールの神ではアンとエンキとエンリルである。これ以外にも神界と霊界と現界、太陽と月と地球、生命と精神と肉体、日本と東洋と西洋なども三位一体をなす。これら三つがそろって世界や宇宙は完全な姿となるのであって、一つでも欠けると不完全なものとなってしまう。そして、本来は三つが相協力して働くものであるが、不幸なことにその中の一部がこの宇宙の摂理に反抗して逸脱したのが現実の歴史であったと考えられる。それは天之御中主《あめのみなかぬし》神や〝天の父なる神〟への反抗となったもので、ハム系の半分とヤペテ系の半分がそれに該当し、セム系には原則的にはこの反逆は存在しないと考えられる。(ただし、ユダヤ十二支族のうち二支族は離脱、反逆している)わが国のハム系の物部氏が内物部(熟蝦夷)と外物部(荒蝦夷)の二つに分かれ、前者が天皇家に協力し、後者が天皇家に属することを拒んだのがその例である。同じハム系の源氏にもこの二つの流れが見受けられる。アーリア人においてもイラン系とインド系は敵対関係にあって、イラン系はアフラ・マズダーを善神、アーリマンを悪神としたが、インド系はアリヤマンを善神とし、アフラ・マズダーを悪神とした。アフラ・マズダーはアスラのことで、シュメール人(ナーガ族)の神であった。ヤペテ、ハム、セムの三系からなるヨーロッパの歴代王朝も、セム系は基本的にキリスト教信仰、天のスバル信仰であったが、ヤペテ系とハム系は天への信仰と地への信仰への二系列に分かれていったようである。これはハム系の物部氏がわが国において内物部と外物部の二系列に分かれて行ったのと軌を同じくする。スバル、北極星、オリオンで三位一体となり、宇宙の完全な姿が形成されるが、このうち、スバルと同じ牡牛座のアルデバランに由来するヤペテ系とオリオンに由来するハム系の半分が（ヤペテ系のうち半分がアルデバラン信仰ということ）この三位一体から逸脱していったと考えられる。筆者はかつて世界の文化を〈火〉、〈木〉、〈土〉、〈金〉、〈水〉の陰陽五行に比定し論じていったが、宇宙や天体にもこの陰陽五行の配列が存在し、「五行天体論」といったものが考えられると思っている。天体における陰陽五行が明らかにされて世界の歴史や文化が初めて見えてくると考えられるが、このセム、ハム、ヤペテ系の氏族はいわば一オクターブ高い血脈と考えてよいと思われる。一オクターブ高い氏族であるがゆえに、世界の大半を占める普通の人々がなし得ない政治、経済、軍事、芸術的な働きができ、国を担い、歴史をリードしてきたのである。普通の人々に国を運営し、歴史の担い手になれと言っても無理であり、そこまで魂が修行、進歩していないのである。もちろん、個々の魂に優劣はなく、一オクターブ高いと言ってもかつては普通の人として存在した魂であった。大学生がかつては小、中学生であったのであり、小、中学生もやがては大学生になるがごとく、ただ魂としての年齢の差が存在するだけである。この太陽系、そしてスバル、北極星、オリオンとの関連はこのような視点から考察されるべきだと考えている。

（五）明治維新はセム革命であった

二百六十有余年の江戸幕府を担った徳川氏はハム系カナン人の血脈で、この血脈はハム系の中の外物部（荒蝦夷）であり、祭祀物部の忌部氏、賀茂氏の流れであった。ゆえに、天皇家に対しては対立的な立場に終始した。天皇家を廃するといった動きはなかったが、第百八代の後《ご》水尾《みずのお》天皇が寛永四年の紫衣事件によって、朝廷による寺社への権威を失墜させられ、激怒して退位された（一六二九年）のにはじまり、徳川幕府は朝廷の力をそぐことに終始してきた。十七世紀中頃より、天皇は一切の行幸を二百数十年間禁じられ、大名も京都に入ることさえままならなかった。江戸時代の天皇は影が薄く、歴史にその名もほとんど登場してこない。江戸幕府によって天皇家が封じ込められたのが、江戸二百六十余年の歴史であった。

このハム系支配をくつがえし、セム系氏族によって天皇中心の国家を樹立したのが明治維新であった。明治維新の立役者となった長州の毛利氏、薩摩の島津氏は先に述べたようにセム系のユダヤ十二支族のうちのガド族とマナセ族であった。毛利氏は土師《はじ》～大江～毛利と改名しており、浅草神社の家紋の一つの三つ網紋とガド族の三幕舎紋がそっくりであり、浅草寺の観音は土師臣真中知《はじまっち》によって祀られたものであった。島津氏は北九州の秦王国（ユダヤ十二支族の国）から移住してきた人々の末裔で、南九州の「山幸彦、海幸彦」の伝説はマナセ族からなるキルギスの「マナス叙事詩」とよく似ていた。このガド、マナセの二部族はルベン族とともに他の十二氏族から離れて独自の行動をとることが多かったとされている。

明治維新の立役者となった西郷隆盛は南朝の忠臣菊池氏の血脈で、自ら菊池源吾と称し、子に菊次郎、菊子と命名したりしている。(36)この菊池氏は葛城氏の祖で、狗奴《くな》国の狗古智卑狗《くこちひく》の末裔だったが、セム系アラム人、またはカルデア人の流れであった。西郷と徳川の戦いは、狗奴国と邪馬台国の戦いの再現だった。西郷と江戸城を無血開城した勝海舟も秦氏である。大久保利通は詳しくわからないが藤原氏とされている。(61)木戸孝允は和田家から養子に入ったが、和田、桂とも毛利氏と同じく大江広元を祖先としている。(36)薩長同盟の立役者であった坂本龍馬も紀氏を称しており、京都の霊山の墓碑に〝坂本龍馬・紀直柔之墓《なおなり》〟と刻まれている。坂本家の「先祖書指出控《さしだしひかえ》」に〝紀武内《たけのうち》の孫なり〟とあり、武内宿禰《たけのうちのすくね》の子の紀角宿禰の後裔とされているが、紀氏は蘇我氏や葛城氏、秦氏と同族でセム系である。(61)その他西園寺公望《きんもち》は清華家の徳大寺家からの養子で、もとは左大臣の藤原実能《さねよし》に遡る。(62)、大隈重信の祖先は菅原道真で、早稲田の邸内に道真を祭っていたという。(62)もちろん、ハム系の血脈も一部にあり、伊藤博文は河野通有《みちあり》に始まる伊予河野氏で、父が伊藤姓を称したという。(61)菅原道真はユダヤ系のマナセ族、伊予河野氏は物部氏族である。ハム系の血脈も一部に存在するが、明治維新の主体は今見てきたようにセム系の氏族である。このセム系は藤原氏を代表とするように天皇家と一体となって歴史を担ってきた氏族である。シュメールのウル第三王朝におけるアン神とシン神、シュメールから満州にいたるシュメール人（ナーガ族）とカルデア人の混血したシャキイ族などセム系氏族は基本的に天皇家を常に支えてきた氏族であった。セム系氏族は北極星、北斗七星信仰で、造化三神の高御産巣日神《たかみむすび》信仰だが、古書によると天皇家の天之御中主神《あめのみなかぬし》と高御産巣日神《たかみむすび》は親子とも言われている。このセム系の血脈が、ハム系の徳川幕府を倒して天皇中心の国家を樹立したのが明治維新であった。

以上、スバルの高天原から飛騨への天孫降臨にはじまって、シュメールから満州の扶余を経て、わが国に帰還された天皇家の流れを中心に大伴、物部氏から徳川氏までの出自を概略的に論じたつもりである。本書の「陰陽歴史論」とは、高天原のスバル系の氏族とアースガルドやアガルタの地底系氏族という〝陽と陰〟の二系統の血脈の関わり、抗争の中で歴史は動いてきており、それが歴史の真相であったことからつけたものである。さらにこの〝陰陽〟の二系列は、地底信仰の氏族のシャンバラ（セム）系とアガルタ（ハム、ヤペテ）系の二つにも見られ、後者はさらに親高天原系と反高天原系に分かれた。このような二系列の歴史における関わり、抗争を「陰陽歴史論」としてまとめたものである。

◇引用・参考著者一覧（敬称略）

（1）岡田明子・小林登志子、（2）船場俊昭、（3）廣田照夫、（4）伊集院卿、大平光人、（5）平川陽一、（6）久保有政、（7）サイモン・コックス（8）竹内裕、（9）高橋良典、（10）神尾正武、（11）原田常治（12）矢治一俊、（13）船迫弘（14）崔仁鶴、（15）安達巖、（16）竹田昌暉、（17）寺田勝男、（18）鳥越憲三郎、（19）陳夢家、（20）斎藤忠、（21）豊田有恒、（22）関裕二、（23）笠井新也、（24）武光誠、（25）月海黄樹、（26）岡本健一、（27）武市安弘、（28）小谷仲男、（29）久慈力、（30）司馬遼太郎、（31）安木三郎、（32）近江雅和、（33）今福匡、（34）原遙平、（35）井戸田博史、（36）中嶋繁雄、（37）飛鳥昭雄・三神たける、（38）奥富敬之、（39）丹羽基二、（40）松重揚江、（41）高坂和導、（42）八切止夫、（43）能坂利雄、（44）渡辺豊和、（45）岩田明、（46）岡野友彦、（47）佐治芳彦、（48）小林久三、（49）三角寛、（50）宗川日法、（51）真藤建志郎、（52）実松克義、（53）エリック・ノーマン、（54）中丸薫、（55）倉橋日出夫、（56）辻原康夫、（57）津田元一郎、（58）武田龍夫、（59）坂井田ひとみ、（60）高木桂蔵、（61）菊池明、（62）長谷圭剛

なお、（37）飛鳥昭雄・三神たけるについては他に数ヶ所参考箇所あり。

あとがき

筆者にとって前作の「この国のすがた」が三ヶ月で書き上げられたのに対し、今回の作は三分の二ほど書き上げた段階で、種々な事情から中断し、やっとの思いで出き上がった苦心の作である。最初から本を出版するつもりで研究していたのではなく、歴史に興味があって読書を重ねているうちに、一つのテーマが出来上がり、一冊の本としてまとめてみようということになったのである。

本書はわが国の歴史を築いてきた天皇家をはじめとする氏族が、スバル、北極星、オリオンといった天体と関わることをテーマとしてとりあげているが、ヘルメス・トリスメギストスの〝上なる如く下にも〟の言葉通り、この世界の歴史や文化は宇宙の天体の写しであり、その影響の下にあるといった視点がこれからは必要とされていくと考えている。竹内巨磨によるもの以外に正統な「竹内文書」が存在するとする竹内睦泰《むつひろ》氏（七十三世武内宿禰《たけのうちのすくね》の称号）は、太古神人はスバル、北極星、オリオンからやってきて、天皇家がシュメールの地へ行かれたとインタビューで答えているが（経路は不明・この正伝文書は未公開）、ここで言う神人とは筆者の言う一オクターブ高い氏族、血脈のことだと思われる。魂は太陽系での修行が終わると別の星系へと転生していくと考えられる。そして、その天体からの影響が、歴史を動かす大きな原動力であると筆者は考えている。宇宙には無限とも言える天体が存在し、地球はその中のありふれた一天体にすぎないのであって、宇宙の中で地球が唯一生命の存在する天体であるなどはもはや受け入れられないのである。科学による合理主義のみでは、歴史の真の姿、「この国の真のすがた」はとらえられないと考えている。これからは、歴史の研究とともに、天体における陰陽五行について考察していきたいと思っている。

なお、私事になるが、本書執筆中に母昌子が八十四年の生涯を閉じた。父の死後、田舎の実家を一人で守ってきてくれた母だった。筆者が研究に没頭できたのも母のお陰である。前作を父の霊前に捧げたが、本書を母昌子の霊《みたま》に捧げたい。

最後に、本書の刊行を引き受けてくださった明窓出版、とりわけ麻生編集長以下の皆さんに一言御礼を述べたい。出版を引き受けてくださったのも、何かの縁だと感謝申し上げたい。

◇参考資料「世界の神々」

A　シュメールの神々

・アン……天空神で、神々の父王と称されることが多い。神々が集う会議には必ず出席し、議長や判事のような役割を務めた。その姿は玉座、王杓、王冠、司令官の杖などと共に描かれる。

・エンリル……嵐の神、風の王で、ときには神々の王とされることもある。人間の騒々しさに立腹し、大洪水で滅ぼそうとした猛々しい戦士の神。エンキの子。

・エンキ……アンの子。水の神で、半人半魚の姿で描かれる。知恵の神で、人間に対しても親切で、洪水の際ウトナピシュティムに箱舟を作るように警告し、神々に弁護して救ったとされる。

B　中東の神々

・ダゴン……古代ペリシテ人の崇拝の対象とされた半人半魚の豊穣の神で、バールの父とされる。

・バール……前三千年紀から前千年紀にかけてパレスチナで広く崇拝された嵐の神、豊穣神で戦士の姿で描かれる。キリストがサタンと呼んだともされる。

・アシュトラ……バールの母であり、妻でもあった水の女神。子孫繁栄、国家繁栄をもたらすとされ、壺をもった美しい乙女の姿で描かれる。
・ミトラ……バールとアシュトラの子で、バールの生まれ変わりともされる。契約の神で、きらびやかな戦車に乗って、義者のために戦う太陽神。正義の天秤で、死者の生前の善行を量る神。

C　エジプトの神々

・オシリス……もとは農業の神だったが、後に死者の神となり、体はミイラと同じく包帯に包まれている。民衆に小麦の栽培やパンやワインの作り方を教え、法律を作って広めた。弟セトに殺害されたが、妹イシスがミイラの姿で蘇生させた。死者の魂を計量する裁判官。
・イシス……オシリスの妹にして妻。息子ホルスを膝の上に抱いて座す姿で描かれる。セトによって十四の断片に刻まれたオシリスの遺骸を集め、再生させたとされる。
・ホルス……オシリスとイシスの子で、頭部は鷹で、頭上に太陽円盤を乗せた姿で描かれる。父オシリスが冥界の神となったのに対し、地上のナイル流域の覇者とされた。叔父のセトと戦い、勝利し、王位を継承した。

D　北欧の神々

・オーディン……北欧神話の最高神で、魔術と知識の神で、戦の神、死の神でもあり、高座フリズスキャルヴに座り、世界を見渡している。知恵の泉に片目を捧げ、魔術を会得、残酷性、血生臭さがつきまとう神である。

・トール……オーディンの息子で、雷の神。赤毛の大男で、豪胆、悪く言えば乱暴な神。稲妻を意味するミョルニルという雷で敵を蹴散らし、戦車で空中を駆け巡る北欧神最強の神。

・フレイ……平和を司る豊穣の神で、美の女神フレイヤとは双子の兄妹。貴公子と呼ばれる。妹のフレイヤは北欧神の中で最も美しいとされるが、オーディンの愛人として奔放な面も持つ。

E　インドの神々

・インドラ……「リグ・ヴェーダ」の主神で嵐と戦の神。頭髪と全身の皮膚は黄金色に輝き、右手に稲妻を象徴する金剛杵を武器として持ち、戦車または白象に乗るともされ、地上に降り立つ時は空に虹がかかると言われる。

・ブラフマー……ヒンズー三神のうち創造を司る。もとは宇宙の根本原理の象徴としての抽象的存在でブラフマンと称されたが、擬人化された。四つの顔に、四本の手、赤い身体の白髪の老人。

・ヴィシュヌ……維持を司る。世界が邪悪に包まれそうになった時、種々な姿に化身して地上に降り立ち、人々の困窮を救うとされ、ブッダ、ラーマ、クリシュナなどは十化身の一つとされる。

・シヴァ……破壊の神で、古代では暴風雨の神ルドラ神（恐ろしい者の意）と呼ばれた。四つの顔と四本の腕を持ち、青黒い身体に毒蛇をまきつけ、三叉戟《みつまたほこ》を構え、リンガ（男性器）の石を象徴とする。ブラフマーから創造神の地位を奪い取ったとされる。

F 中国の神々

・伏羲《ふっき》……上半身は裸で、蛇の尾を持ち、文字、狩りの道具を発明し、最初の八卦の記号を作ったとされ、曲尺《かねじゃく》を持った姿で描かれる。女媧と兄妹で夫婦。

・女媧《じょか》……盤古が世界を創造した後、泥をこねて最初の人間を作ったとされる女神。上半身が人間で下半身が蛇身。規《ぶんまわし》を持った姿で描かれる。

・神農……人間に薬の使い方や農業を教え、五つの穀類の種をまくことや木の鋤の作り方などを授けたとされる神。金色に輝く太陽の神でもある。人身牛首。

・黄帝……道教の最高神で、文字、暦法、算術、家屋、器具、衣服、貨幣を発明し、妻の嫘祖は蚕、絹糸を発明したとされる。神農に代わって炎帝や蚩尤《しゅう》と戦い、天子になったという。

・蚩尤《しゅう》……天界の悪神。非常に獰《どう》猛で、銅の頭と鉄の額をもち、人間の言葉を話す。黄帝と戦い敗れる。

（「世界の神々がよくわかる本」造《ぞう》事務所他より）

著者　プロフィール

鷲見紹陽（すみ　しょうよう）
本名　徹。
一九五二年鳥取県生まれ。
京都大学文学部卒。愛知県教諭として勤務後、二〇〇三年退職、研究活動に入る。
名古屋市在住。
著書「この国のすがた　五行文化論より」
（日本文学館）

シュメールの天皇家《てんのうけ》

～陰陽《いんよう》歴史《れきし》論《ろん》より～

鷲見《すみ》紹陽《しょうよう》

明窓出版

平成十九年八月一日初　版発行
平成二十年十月一日第二版発行

発行者――増本　利博
発行所――明窓出版株式会社
〒一六四―〇〇一二
東京都中野区本町六―二七―一三
電話　（〇三）三三八〇―八三〇三
ＦＡＸ（〇三）三三八〇―六四二四
振替　〇〇一六〇―一―一九二七六六

印刷所――株式会社　ダイトー

落丁・乱丁はお取り替えいたします。
定価はカバーに表示してあります。

ISBN978-4-89634-213-0

ホームページ http://meisou.com

あなたはまもなく天使に変身する

夢アセンション予定表

PICO

銀河連邦からの驚異の予告！
2012年までに旧人類は滅亡し、新人類が誕生する！
すでに、ファースト・コンタクトが始まっています。

あなたが政府・マスコミから知らされていない
宇宙と世界の真実……そして、地球とあなたの未来。

第1部：ディスクロージャー編
これまでの経過／2001年5月9日：世紀の記者会見／日本人に知らされていないグリア博士の必見の報告／ロシア政府も異星人の月面都市の存在を公表／地球外文明＆世界平和会議が開かれる／銀河連邦からのメッセージ／アセンション＝次元上昇の概略

第2部：銀河連邦予告編
皆さん、NESARAを知っていますか？／地球-太陽系の大激変／世界を支配する秘密政権の没落／NESARAが実現する日は近い！／2007年から始まる新しい世界体制

NESARAの豊饒プログラムが高らかに宣言される日
宇宙および地底の同胞とともに

定価1365円

ネオ スピリチュアル アセンション

〜今明かされるフォトンベルトの真実〜

—地球大異変★太陽の黒点活動—

白峰由鵬・エハン・デラヴィ・中山康直・澤野大樹

誰もが楽しめる惑星社会を実現するための宇宙プロジェクト「地球維新」を実践する光の志士　中山康直氏。
長年に渡り、シャーマニズム、物理学、リモートヴューイング、医学、超常現象、古代文明などを研究し、卓越した情報量と 想像力を誇る、エハン・デラヴィ氏。
密教（弘）・法華経（観）・神道（道）の三教と、宿曜占術、風水帝王術を総称した弘観道四十七代当主、白峰由鵬氏。

世界を飛び回り、大きな反響を呼び続ける三者が一堂に会す“夢のスピリチュアル・サミット”が実現！！

スマトラ島沖大地震＆大津波が警告する／人類はすでに最終段階にいる／パワーストラグル（力の闘争）が始まった／人々を「恐怖」に陥れる心理戦争／究極のテロリストは誰か／アセンションに繋げる意識レベルとは／ネオ スピリチュアル アセンションの始まり／これからの「Ｓ」／失われた文明と古代縄文／日本人に秘められた神聖遺伝子／地上天国への道／ムー大陸のオアシス／和の心にみる日本人の地球意識／超地球人の出現／アンノンマンへの進化／日韓交流の裏側／３６９（ミロク）という数霊／「死んで生きる」—アセンションへの道／映画に秘められた暗号／太陽の黄道周期／火星の重要な役割／白山が動いて日韓の調和／シリウス意識に目覚める／（目次より抜粋・他重要情報多数）

定価1000円

ネオ スピリチュアル アセンション

Part《パート》 Ⅱ《ツー》 As above So below（上の如く下も然り）

白峰由鵬・エハン・デラヴィ・中山康直・澤野大樹

究極のスピリチュアル・ワールドが展開された前書から半年が過ぎ、「錬金術」の奥義、これからの日本の役割等々を、最新情報とともに公開する！

“夢のスピリチュアル・サミット”第2弾！

アトランティスのトート神とエメラルド・タブレット／イクナトン——スーパーレベルの錬金術師／鉛の存在から、ゴールドの存在になる／二元的な要素が一つになる、「マージング・ポイント」／バイオ・フォトンとＤＮＡの関係／リ・メンバー宇宙連合／役行者その神秘なる実体／シャーマンの錬金術／呼吸している生きた図書館／時空を超えるサイコアストロノート／バチカン革命（ＩＴ革命）とはエネルギー革命?!／剣の舞と岩戸開き／ミロク（６６６）の世の到来を封じたバチカン／バチカンから飛び出す太陽神（天照大神）／内在の神性とロゴスの活用法／私たちはリアルタイムで奇跡を見た!!／聖書に秘められた暗号／中性子星の爆発が地球に与える影響／体感意識を取り戻す／太陽系の象徴、宇宙と相似性の存在／水という究極のエレメント／オンリーワンの国、日本／すべてが融合されるミロクの世／エネルギー問題の解決に向けて／神のコードＧ／松果体—もっとも大きな次元へのポータル／ナショナルトレジャーの秘密／太陽信仰—宗教の元は一つ／（目次より抜粋・他重要情報多数）

定価1000円

日月地神示　黄金人類と日本の天命

白峰聖鵬

五色人類の総体として、日本国民は世界に先がけて宇宙開発と世界平和を実現せねばならぬ。

日本国民は地球人類の代表として、五色民族を黄金人類（ゴールデン・フォトノイド）に大変革させる天命がある。アインシュタインの「世界の盟主」の中で、日本人の役割もすでに述べられている。

今、私達は大きな地球規模の諸問題をかかえているが、その根本問題をすべて解決するには、人類は再び日月を尊ぶ縄文意識を復活させる必要がある。

アセンションとは／自然災害と共時性／八方の世界を十方の世、そして十六方世界へ／富士と鳴門の裏の仕組み／閻魔大王庁と国常立大神の怒り／白色同胞団と観音力／神国日本大和の国の言の葉／メタ文明と太陽維新／構造線の秘密／太陽系構造線とシリウス／フォトノイド、新人類、シードが告げる近未来／銀河の夜明け／２０２０年の未来記／東シナ海大地震／フォトンベルトと人類の大改革／般若心経が説く、日本の黄金文化／天皇は日月の祭主なり／日と月、八百万の親神と生命原理／宗教と科学、そして地球と宇宙の統合こそがミロクの世／世界人類の総体、黄金民族の天命とは／新生遺伝子とＤＮＡ、大和言葉と命の響き／世界の盟主から地球の盟主へ　環境、食料、科学技術全宇宙統合システム／万世一系と地球創造の秘密とは／ＩＴの真髄とは／黄金人類を導く天命は日本にある（他重要情報多数）　定価1500円

宇宙戦争（ソリトンの鍵）Endless The Begins

光悠白峰

地球維新の新人類へのメッセージ

歴史は「上の如く下も然り」

宇宙戦争と地球の関係とは

エピソード１　宇宙戦争

宇宙戦争はすでに起こっていた／「エリア・ナンバー５２」とは／超古代から核戦争があった？／恐竜はなぜ絶滅したのか／プレアデス系、オリオン系——星と星の争い／アトランティス ｖｓ レムリア／源氏と平家——両極を動かす相似象とは／国旗で分かる星の起源／戦いの星マース（火星）／核による時空間の歪み／国旗の「象」から戦争を占う／宇宙人と地球人が協力している地球防衛軍／火星のドラゴンと太陽のドラゴン／太陽の国旗を掲げる日本の役割／宇宙の変化と地球環境の関わり／パワーとフォースの違いとは／驚愕の論文、「サード・ミレニアム」とは／地球外移住への可能性／日本の食料事情の行方／石油財閥「セブンシスターズ」とは／ヒューマノイドの宇宙神／根元的な宇宙存在の序列と日本の起源／太陽系のニュートラル・ポイント、金星／宇宙人の勢力の影響／ケネディと宇宙存在の関係／「６６６」が表すものとは

エピソード２　ソリトンの鍵

地球とは何か／ソリトンの鍵とは／ロング・タイム・アゴーの世界／三次元の地球の始まり／シリウスの影響／月の根元的パワー／トリウムの持つ可能性／反水素原子の働き／新しい文明を築く新人類／地球の重量の変化／最大の封印は月にかけられていた／瞑想意識脳の開化／（他重要情報多数）

定価1000円

地球《ガイア》へのラブレター

～意識を超えた旅～

西野樹里

そして内なる旅は続く……。すべての人の魂を揺さぶらずにはおかない、渾身のドキュメンタリー。

内へと、外へと、彼女の好奇心は留まることを知らないかのように忙しく旅を深めていく。しかし、彼女を突き動かすものは、その旅がどこに向かうにせよ、心の奥深くからの声、言葉である。

リーディングや過去世回帰、エーテル体、瞑想体験。その間に、貧血の息子や先天性の心疾患の娘の育児、そしてその娘との交流と迎える死。その度に彼女の精神が受け止めるさまざまな精神世界の現象が現れては消え、消えては現れる。

そうした旅は、すべて最初の内側からする老人の叱咤の声に始まっている。その後のいろいろな出来事の記述を読み進む中で、その叱咤の声が彼女の守護神のものであることが判明する。子供たちが大きくなり、ひとりの時間をそれまで以上に持てるようになった彼女には、少しずつ守護神との会話が増えていき、以前に増して懐かしく親しい存在になっていく……。

惑星の痛み／リーディングと過去世回帰／命のダンス／瞑想／命の学び／約束／光の部屋／土気色の馬面／孤軍奮闘／地球へのラブレター／内なる旅 ／過去との遭遇／アカシック・レコード／寂光院／喋る野菜／新しい守護神／鞍馬の主／進化について／滝行脚／関係のカルマ（目次より抜粋）

定価1500円

キリストとテンプル騎士団

スコットランドから見たダ・ヴィンチ・コードの世界

エハン・デラヴィ

今、「マトリックス」の世界から、「グノーシス」の世界へ
ダ・ヴィンチがいた秘伝研究グループ
「グノーシス」とはなにか？
自分を知り、神を知り、高次元を体感して、
キリストの宇宙意識を合理的に知るその方法とは？

これからの進化のストーリーを探る！！

キリストの知性を精神分析する／キリスト教の密教、グノーシス／仮想次元から脱出するために修行したエッセネ派／秘伝研究グループにいたダ・ヴィンチ／封印されたマグダラの教え／カール・ユング博士とグノーシス／これからの進化のストーリー／インターネットによるパラダイムシフト／内なる天国にフォーカスする／アヌンナキー一宇宙船で降り立った偉大なる生命体／全てのイベントが予言されている「バイブルコード」／「グレートホワイト・ブラザーフット」（白色同胞団）／キリストの究極のシークレット／テンプル騎士団が守る「ロズリン聖堂」／アメリカの建国とフリーメーソンの関わり／「ライトボディ（光体）」を養成する／永遠に自分が存在する可能性／他

定価1300円

イルカとETと天使たち

ティモシー・ワイリー著／鈴木美保子訳

「奇跡のコンタクト」の全記録。

未知なるものとの遭遇により得られた、数々の啓示《アドバイス》、
ベスト・アンサーがここに。

「とても古い宇宙の中の、とても新しい星―地球―。
大宇宙で孤立し、隔離されてきたこの長く暗い時代は今、終焉を迎えようとしている。
より精妙な次元において起こっている和解が、
今僕らのところへも浸透してきているようだ」

◎ スピリチュアルな世界が身近に迫り、これからの生き方が見えてくる一冊。

本書の展開で明らかになるように、イルカの知性への探求は、また別の道をも開くことになった。その全てが、知恵の後ろ盾と心のはたらきのもとにある。また、より高次における、魂の合一性（ワンネス）を示してくれている。
まずは、明らかな核爆弾の威力から、また大きく広がっている生態系への懸念から、僕らはやっとグローバルな意識を持つようになり、そしてそれは結局、僕らみんなの問題なのだと実感している。

定価1890円